環保政策 綠色生活

國際視野下的香港

何偉歡　羅金義　著

中華書局

目錄

導論 環保挑戰的全球在地化

國家級安全難題

　　氣候變化在香港不受重視，國際社會也曾經如此。

　　從前，很多人「懷疑」、「否定」氣候變化的存在。有大財團、保守派政黨透過基金會、智囊團進行偽科學研究，批評全球變暖的證據基礎薄弱，警告採取緩解全球變暖的行動是弊大於利，把科學界高度共識的氣候變化問題描繪為不確定性的辯論，試圖以此作為藉口，拒絕為氣候變化進行緩減行動；幸好不少有心人、學術研究將之揭發[1]。

　　假的真不了，真的假不了。今天，氣候變化已是全球現象，使全球氣溫上升，引發連串極端天災，生命和生計陷入「水深火熱」。過去的五年（2016-2020 年）是自 19 世紀有記錄以來最暖的 5 年期。以天氣寒冷聞名的西伯利亞，小鎮維爾霍揚斯克（Verkhoyansk）在 2020 年錄得 38 度高溫，刷新北極圈內最高氣溫紀錄；2019 年至 2020 年，澳洲受高溫及乾旱影響，多處受山火蹂躪，至 2020 年 3 月才逐漸受控，估計被燒毀的森林面積達 21%，超過 10 億隻動物死亡；美國加州也在 2020 年錄得近 10,000 宗山火，共燒毀超過 17,000 平方公里土地；2016 年非洲南部多國出現大旱，大片土地乾裂，大量牲畜死亡，農作物嚴重失收，世界糧食計劃署估計有 1,820 萬人需要緊急援助；2017 年南亞多國受暴雨和洪水肆虐，孟加拉、印度、尼泊爾等有 1,200 人因水災死亡，4,000 多萬人受影響[2]。

　　連串不幸事件有力地證實氣候危機的真實性，也讓國際社會不得不予以正視，積極應對，加快低碳發展已成為全球共識。氣候變化影響之

1　Lewandowsky, S., Oreskes, N., Risbey, J. S., Newell, B. R., & Smithson, M. (2015): Seepage: Climate change denial and its effect on the scientific community. *Global Environmental Change*, 33, 1-13; Dunlap, R. E. (2013): Climate change skepticism and denial: An introduction. *American behavioral scientist*, 57(6), 691-698; Freudenburg, W. R., Gramling, R., & Davidson, D. J. (2008): Scientific certainty argumentation methods (SCAMs): science and the politics of doubt. *Sociological Inquiry*, 78(1), 2-38; Jacques, P. J., Dunlap, R. E., & Freeman, M. (2008). The organisation of denial: Conservative think tanks and environmental scepticism. *Environmental politics*, 17(3), 349-385; McCright, A. M., & Dunlap, R. E. (2003). Defeating Kyoto: The conservative movement's impact on US climate change policy. *Social problems*, 50(3), 348-373.

2　香港天文台（2021）：〈2016-2020 十大矚目天氣及氣候事件選舉〉，https://bit.ly/3sOtSBH。瀏覽日期：2021 年 4 月 6 日。

下全球生態系統受到破壞，經濟和社會發展受阻，是一個新的、非傳統的國家級安全難題[3]。

氣候危機與社會發展

需知道氣候變化與社會發展密不可分，唯有「風調雨順」才能「國泰民安」；風不調雨不順，也正是社會動盪不安的時期，自古皆然。中國歷史上天災往往被視為亡國徵兆，並不是迷信之說，筆者同事裴卿博士研究氣候歷史，理據充分地指出人類歷史上很多地區和國家的文明消亡和社會動亂跟氣候變化有密切關係[4]。17世紀中國飽受旱災影響，農作物失收，饑荒及瘟疫嚴重，氣候變化終致明朝滅亡[5]。而氣候問題從來都是全球性的，異常氣候跟饑荒、瘟疫息息相關，歐洲、美洲諸地都曾經因而動盪不已，包括1648—1653年法國投石黨運動、1642—1660年英國資產階級革命、1633—1648年莫斯科動亂、1618—1648年波及整個歐洲的三十年戰爭，以及1647—1664年的墨西哥大暴動[6]。

氣候是人類賴以生存的基礎，也是可持續經濟和社會發展的基本條件[7]。可惜過去我們並未有以史為鑑，世界各地政府曾經對氣候變化視若無睹，把社會發展與環境保育分割，甚或將兩者置於對立。打着經濟發展的旗幟，人們任意開發原始森林，大肆捕撈海洋生物；大量工業化活動使空氣、水源、土地受到嚴重污染。為了過上舒適方便的生活，都市人每日製造大量垃圾。我們過度消耗地球資源而不自省，甚至認為現今社會文明和科技發達，足以幫助我們改變氣候、戰勝大自然。事實卻是

3　Chao, Q., & Feng, A. (2018): Scientific basis of climate change and its response. *Global Energy Interconnection*, 1(4), 420-427.

4　裴卿（2017）：歷史氣候變化和社會經濟發展的因果關係實證研究評述，氣候變化研究進展，13(4)：375-382。DOI: 10.12006/j.issn.1673-1719.2016.211。

5　Atwell, W. S. (2001). Volcanism and short-term climatic change in East Asian and world history, c. 1200-1699. *Journal of World History*, 29-98.

6　葛全勝，劉浩龍，鄭景雲，蕭淩波（2013）：中國過去2000年氣候變化與社會發展，自然雜誌，35(1)，9-21。

7　同2。

當各地持續高速發展，二十四節氣不知不覺已經變得似有還無，生態失去平衡、多種動植物物種瀕臨滅絕，貧窮的人、無話語權的動植物徘徊在生死之間。

更值得注意的是，全球最富有的一成人口，「貢獻」了將全世界近一半的碳排放；往下看，全球最窮的五成人口只是製造了溫室氣體的一成，他們卻是承受氣候變化衝擊最大的一群。研究亦指出氣候變化的影響不是平均分配的，人口、社會經濟情況、貧困狀況等都影響着承受衝擊的脆弱性及復原力。歸根究底，氣候變化就是一個社會發展問題[8]。2017年美國加州大學揭示了一個最悲哀的例子：研究估計在過去30年氣候變化已經導致印度差不多六萬人自殺——種植季節的溫度上升，農作物收成減少，以農維生的人自殺率會上升；種植季節的雨量減少，農作物收成減少，自殺率亦會上升[9]。

瀕危生態與都市人：唇亡齒寒

被消失的還有牠們。《WWF地球生命力2020》報告地指出，地球上75%無冰陸地表面已經發生了嚴重的環境惡化，絕大部分海洋被污染，超過85%的濕地已經消失[10]。「生物多樣性和生態系統服務政府間科學政策平台」（IPBES）2019年的報告告訴我們生物的居住地被開發、被破壞的後果：在1970至2016年間，受監察的哺乳類、鳥類、兩棲類、爬蟲類及魚類的種群大小平均下降了68%[11]。生物多樣性為我們提供日用的飲食，為我們調節氣候，發揮吸收二氧化碳等作用，跟大家的生存環境環

8　Pozarny, P. (2016): *Climate change and social development: Topic guide*. Birmingham, UK GSDRC, University of Birmingham.

9　Carleton, T. A. (2017): Crop-damaging temperatures increase suicide rates in India *Proceedings of the National Academy of Sciences*, 114(33), 8746-8751.

10　WWF (2020): Living Planet Report 2020 -Bending the curve of biodiversity loss. Almond, R.E.A., Grooten M. and Petersen, T. (Eds). WWF, Gland, Switzerland.

11　IPBES (2019): Global assessment report on biodiversity and ecosystem services of the Intergovernmental Science-Policy Platform on Biodiversity and Ecosystem Services. E. S. Brondizio, J. Settele, S. Díaz, and H. T. Ngo (editors). IPBES secretariat, Bonn, Germany.

環相扣。牠們瀕危，我們竟然沒有唇亡齒寒的危機感？

　　大家也可以用比較積極的態度看：都市人追求富裕、快樂的生活，不一定要犧牲環境保育。芬蘭的「生態足跡」（以「全球公頃」計）遠低於德國（前者是 3.8，後者是 10.5），但前者的快樂指數和人均國民生產總值都比後者高；相似地，美國都市人的快樂指數和人均國民生產總值都比英國高，但前者的「生態足跡」只是後者的 53%；亞洲的日本遠比馬來西亞富裕，快樂指數也相若，但前者的「生態足跡」不及後者的一半[12]。孰因孰果、如何磨合，當然是很複雜的分析，也需要很認真的政策設計與推行去追求兩全其美，但肯定不是誤以為犧牲了環境就能換來富裕和快樂那麼掉以輕心。

　　香港似乎是福地。我們既不是農業社會，也不再是工業社會，而是一個國際金融都會。表面看來，大部分人的生計、生命不會因為氣候變化而受到影響，我們都是有福的人；我們更會認為香港不是工業社會，沒有高排放的社會經濟活動，對氣候變化的罪疚有限。但我們不要忘記，香港已經從工業社會轉變為消費社會，林林總總廢物的管理，已成香港政府最為頭痛的難題；過度的飲食和物質消費真的可以令香港人在道義上逍遙法外？輕視環保的都市化，空氣質素、光暴、噪音對市民的傷害，香港都可以置身事外？

　　香港人同樣有活在「水深火熱」的時候。2020 年香港經歷了有記錄以來最熱的夏季；2018 年超強颱風山竹襲港，多處低窪地區被海水淹浸，至少 458 人受傷，被害的樹木不計其數；2016 年香港出現結冰天氣，天文台 1 月 24 日錄得最低氣溫 3.1 度，是接近 60 來最寒冷的一天，新界部分地區及高地出現廣泛結霜、霧淞、結冰，並降下凍雨及冰粒[13]。極端天氣事件戳破我們的幻想，氣候變化是全球問題，全人類也無一倖免，在食水和糧食完全沒有自給自足準備之下，福地香港真的可以自求多福？

　　2021 年初聯合國發表《人民氣候投票》（People's Climate Vote）民

12　Fabricio, C. et al. (2018), *Everyday Lifestyles and Substantiality*. Milton: Routledge.
13　同 2。

意調查，聯合國開發計劃署新聞稿指是次調查是史上最大規模的氣候調查，覆蓋 50 個國家、世界一半以上的人口，調查顯示 64% 的受訪者認為氣候變化是全球性的緊急情況；大部分受訪者希望政府可以採取更全面、廣泛的氣候政策：10 個在電力碳排放最高的受訪國家中，8 個支持發展可再生能源；10 個城市化最高的國家，9 個支持使用電動車、公共交通工具或單車等依賴清潔能源的交通工具 [14]。過去那種天不時、地不利、人不和的社會發展並不是現今社會想要的發展模式了。

是次調查明確地告訴我們，積極應對氣候變化在社會上已經得到廣泛的支持。內地和香港都不在這調查當中，但有本地智庫曾就「公眾對氣候變化的認知和態度」進行民調，報告顯示只有 16% 受訪者認為現時氣候變化比民生和健康問題更為重要 [15]。顯然，香港人仍然未意識到氣候變化的迫切性。反而經歷過「奇跡性」經濟增長的中國內地，近年來中央與地方政府透過法規、政府介入和由上而下的群眾動員去促進環境保護和綠色生活，明顯較以前落力了很多 [16]。香港不是國家、亞洲以至全球最先進的都市嗎？在這個全人類共同面對的龐大挑戰下，我們能夠經得起 方方面面的考驗嗎？

從思辯政策開始

環保教育重要嗎？據說，它是協助解決環境問題的根源，強調人與組織及其環境的關係。雖然它的效果未必及得上法律和政策來得快，卻是一項長程、無形的投資 [17]。那麼如果在環保教育當中也包括對法律和政

14　United Nations (2021): World's largest survey of public opinion on climate change: a majority of people call for wide-ranging action, January 27, https://bit.ly/3fL69Pi (accessed date: April 6, 2021)

15　思匯政策研究所（2020）：《「公眾對氣候變化的認知和態度」民意研究調查結果》，2020 年 1 月 14 日，https://bit.ly/3wy3cHs。瀏覽日期：2021 年 4 月 6 日。

16　Li, V. (2015): Environmental Protection. X. Zang (Ed.), *Understanding Chinese Society*. New York: Routledge.

17　梁明煌（2012）：〈環境教育概要〉，宜蘭縣政府環境保護局，台灣，https://bit.ly/2KZ78xM。瀏覽日期 2020 年 12 月 23 日。

策的慎思明辨，從而讓社會成員也參與其中，事情會否事倍功半可期？

可惜，了解政策（遑論慎思明辨）一直以來都不是本港環保教育的重要部分。

香港特區政府環境保護署對環保教育提綱挈領，可能已經是早在 2006 年的事情了，當中沒有提及環保政策的教育[18]。差不多在相近時期，非牟利機構的調查反映有八成學校認為因為政府提供的資源不足，因而對環保教育欠佳感到束手無策、有心無力[19]；不過，認識相關政策也不是學校教育的關注。

即使是公民社會裏的保育組織，先反思政策、然後提出倡議，也不見得是理所當然。多年前香港大學的一個調查發現，37% 的保育組織從來沒有參與政策倡議活動，32% 壓根兒就不認為自己應該監察政府，43% 認為它們的基本任務是只是提供大眾教育和服務而已[20]。

因為大家對特區政府的環保政策比較滿意嗎？在大中華地區，筆者可以找到澳門和台灣政府為了了解市民對它們推動環保政策和工作的表現而進行的評價調查，在香港卻找不到相近的報告。如果以環境局局長的表現作為代表，香港市民的評分明顯是每況愈下。依據香港大學的調查，市民對廖秀冬（2002-07 年任環境、運輸及工務局局長）的假想投票續任率平均為 58.5%[21]；邱騰華擔任環境局局長時支持率的平均分是 52.7%（2007-10 年）[22]；但現任環境局局長黃錦星由 2012 年上任至 2019 年上半年的假想投票續任率平均只得 34.1%[23]，香港民意研究所 2020 年的數字更只

18 環境保護署（2006）：〈香港的環保教育及環保意識〉，香港特別行政區政府，https://bit.ly/3ruMCG1。瀏覽日期 2020 年 12 月 22 日。

19 小海白地球拯救隊（2007）：〈今日環保教育不足 明日香港經濟萎縮〉，https://bit.ly/3pqMXI3。瀏覽日期 2020 年 12 月 22 日

20 Lee, E., et al. (2012): The Natural and Built Environment Conservation Sector: Annual Report on the Civil Society in Hong Kong 2010. Hong Kong: Department of Politics and Public Administration and the Centre for Civil Society and Governance, the University of Hong Kong, https://bit.ly/37UPmVD (accessed date: December 23, 2020).

21 香港大學民意研究計劃（2007）：〈市民對廖秀冬續任環境運輸及工務局局長的假設投票結果〉，http://bit.ly/3hkNhp1。瀏覽日期 2020 年 12 月 15 日。

22 香港大學民意研究計劃（2011）：〈環境局局長邱騰華評分〉，http://bit.ly/3rz0jny。瀏覽日期 2020 年 12 月 15 日。

23 香港大學民意研究計劃（2019）：〈市民對黃錦星續任環境局局長的假設投票結果〉，http://bit.ly/2Mg7wsB。瀏覽日期 2020 年 12 月 15 日。

得 24.2%[24]。如果政府是透過立法帶動政策推展，環境局到底是比較清閒，還是挫敗特別多呢——從 2000 至 2020 年，政府得到立法會通過 534 個法案，當中只有 22 個跟環保相關，是整體數字的 4% 而已[25]。

今天，環保是高中必修的通識科裏其中一個最重要的學習範疇；2021 年 4 月當局公佈以公民與社會發展科取代通識科，慶幸可持續發展依然是課程的主要部分之一。再者，幾乎所有公立大學都有關於環保的本科或研究院課程。政策反思作為環保教育一個重要的有機組成部分，是不是指日可待？無論這種結合已經發展（還是停滯？）到哪一個階段，希望這本小書可以找到它在過程當中的位置，有所作為。筆者立意是這樣的：

一、用「問題探究法」（issue inquiry approach）來寫，希望更容易吸引一般讀者的興趣和注意力，為理論和哲學層面的考掘先邁開第一步。

二、在筆者能力所及，涵蓋盡量多的議題。一書在手得以涉獵接近 30 個議題，希望也是引發讀者興趣和關注的方法之一。

三、對政策的慎思明辨，都以其他國家的經驗為觀照。自詡是國際都會、全球化之最的誇誇之談如果聽膩了，讓我們切實地在國際視野下反省自身的不足。

擱筆之際，1990 年代初將香港抬舉為「東亞四小龍」之一的哈佛大學亞洲研究大師傅高義（Ezra Vogel）教授病逝。當年令他刮目相看的，是我們在工業化的成就，相信未及想到 20 多年後香港在生活的環境和生態上對這些稱頌當之有愧得很。

這本小書對於近 30 個問題的提挈，未必人人同意，但希望讀者也能分擔筆者的焦慮，甚或坐言起行：推動政府大力改善環保政策和綠色生活環境，早已到了迫在眉睫、刻不容緩之時。

24　香港民意研究所（2020）：〈環境局局長黃錦星民望〉，http://bit.ly/3o6MgDH。瀏覽日期 2020 年 12 月 15 日。

25　立法會（2020）：〈法案一覽表〉，https://bit.ly/2L08eJO。瀏覽日期 2020 年 12 月 15 日。

甲一　全球氣候變化下的香港

曾經，氣候變化被很多人視為一種「陰謀」；今日，氣候變化已經成為清楚感受到、看得到、量度到的危機，正在威脅全球人類，無一幸免。氣候變化是一個環境議題，也是政治問題、經濟問題和社會問題，一個關乎生存的問題。

2020 年 12 月，聯合國祕書長古特雷斯警告氣候暖化令地球正在崩潰，呼籲各國應該宣佈氣候進入緊急狀態。作為「亞洲國際都會」的香港，特區政府為此正在忙些什麼？

一

減排、碳中和與新能源

減排、碳中和與研發應用新能源是應對氣候變化的重要法門。本章從全球到在地，了解香港面對全球氣候變化時的不足；以汽車燃料為例，檢討減排政策有待改善之處；以及在研發和應用新能源工作上應該如何急起直追。

（一）地球「暫停營業」是禍還是福？

2020 年 3 月下旬《經濟學人》雜誌的封面是地球掛上紅色的「暫停營業」牌，全球都為新型肺炎疫情交付「代價」，人類「正常」活動暫停——消費、生產、娛樂……。不過，地球似乎亦得到了休養喘息的時間。

「發展」是生態危機的宿主？

美國國家航空航天局（NASA）在 2020 年 2 月發佈了兩張圖片，對比 1 月 1 日至 20 日和 2 月 10 日至 25 日的中國空氣污染情況。圖片所見，2 月的空氣污染物排放量迅速大幅減少，跟 1 月的圖片形成強烈對比[1]。芬蘭能源與清潔空氣研究中心的分析師 Lauri Myllyvirta 指出，中國封城政策及工廠延期復工等防疫政策使二氧化碳排放量減少至少 25%；

1 　NASA Earth Observatory (2020): Airborne Nitrogen Dioxide Plummets Over China, March 5, https://go.nasa.gov/3jNzjM2 (accessed date: November 2, 2020)

跟上年同期相比，減少了一億噸碳排放[2]。

　　在另一個疫情重災區義大利，網民在社交平台瘋傳旅遊熱點水都威尼斯運河重現天鵝和海豚的照片 —— 網民一直心痛人與動物「有你無我」的關係。雖然《國家地理雜誌》已經發文表示照片的拍攝地點不是威尼斯[3]，大家只是慨嘆這些都是「too good to be true」的假資訊。威尼斯也許沒有天鵝和海豚，但的確因為遊客大量減少而令運河水質變得清澈；NASA 亦指出義大利的空氣污染情況跟中國相似，空氣中的二氧化碳濃度迅速下降，科學家直接推測其主因是交通及工業活動大幅減少[4]。

　　沒有人希望生態環境因為疫症爆發才得以改善，但破壞生態環境已成為人類常態，而生態系統失衡必然會影響人類生活，這是惡性循環。《全球大流行》作者 Sonia Shah 勸勉大家，唯有保護生態環境才是預防大流行病的最佳方法。她在 2020 年 3 月《法國世界外交論衡月刊》發表的文章引述一份 2017 年的研究報告指出，伊波拉病毒出現最多的非洲中西部，正是雨林生態被破壞得最嚴重的地區；被認為是該病毒宿主的果蝠，也正是因為雨林遭受破壞而被迫靠近民居出沒，致使牠們身上隨帶的病毒傳染給人類，世紀疫症從而引發。野生動物失去原來的棲息地，與人類愈來愈接近，二者互相傳染的機會就會愈大[5]。2008 年英國研究指出，全球 335 種於 1960 至 2004 年間出現的疾病當中，超過六成是來自動物[6]。

　　再者，雨林有吸收二氧化碳的功能，可以抵銷人類活動所產生的二氧化碳對氣候變化帶來的影響。在 2020 年前，遏止砍伐森林，是作為

2　Myllyvirta, L. (2020): Coronavirus temporarily reduced China's CO2 emissions by a quarter, CarbonBrief, *CarbonBrief*, February 19, https://bit.ly/35TuNGO (accessed date: November 2, 2020).

3　Daly, N., (2020): Fake animal news abounds on social media as coronavirus upends life, *National Geographic*, March 20, https://on.natgeo.com/3kOru9T(accessed date: November 2, 2020)

4　The European Agency (2020): Coronavirus: nitrogen dioxide emissions drop over Italy, March 13, https://bit.ly/3oMKxnE (accessed date: November 2, 2020).

5　Shah, S., (2020): The microbes, the animals and us, *Le Monde Diplomatique*, March, https://bit.ly/2TGDq1G (accessed date: November 2, 2020).

6　Jones, K., Patel, N., Levy, M. et al. (2020): Global trends in emerging infectious diseases. *Nature 451*, 990—993, https://doi.org/10.1038/nature06536 (accessed date: November 2, 2020).

《巴黎氣候協議》其中一項減少碳排放的政策。可惜在全球化貿易帶來的經濟誘因之下，人們把砍伐雨林、擴張農地視為促進經濟發展最好的「資源」。根據「全球森林觀察」（Global Forest Watch）的資料顯示，2018年雨林消失面積最多的地區是「地球之肺」亞馬遜雨林[7]。2019年8月19日，巴西聖保羅市因為亞馬遜雨林大火而白天變黑夜的照片引起國際社會譁然；全球多個新聞媒體、環境保護關注組織及各國領袖皆呼籲世界關注雨林大火問題；社群媒體「＃為亞馬遜祈禱」標籤在短時間內被引用超過百萬次[8]。然而踏入2020年，巴西總統博索納諾以「有利經濟發展」為名，在2月5日宣佈計劃開放亞馬遜的原住民保護區進行商業採礦及農業活動。

疫情後碳排放「報復性增長」？

不只是巴西，很多國家都以經濟發展為名，使執行減少碳排放的政策半途而廢甚或一曝十寒。「世界工廠」中國因為新型肺炎封城、停工，經濟遭受嚴重打擊。然而2020年是規劃驗收中國經濟成果重要的一年，2016年「十三五」規劃制定的「全面建成小康社會」目標預期在2020年實現。因此，2020年全年的本地生產總值仍希望爭取到6%左右的增長。可是《福布斯》發文指出，中國在疫情的衝擊下，「世界工廠」地位或許不保[9]。內憂外患之下，中共中央政治局常委提出要「一手抓防疫、一手抓經濟」[10]，國家主席習近平亦強調在疫症下仍然要堅持2020年經濟

---

7 Weisse, M., & Goldman, E.D., (2019): The World Lost a Belgium-sized Area of Primary Rainforests Last Year, *World Resources Institute,* April 25, https://bit.ly/3efuxWi (accessed date: November 2, 2020).

8 Bramwell, K., (2019): Brazil fires prompt "prayers" for Amazon rainforest, *BBC*, August 23, https://bbc.in/2TGq2L4 (accessed date: November 2, 2020).

9 Rapoza, K., (2020): Coronavirus Could Be The End of China as A Global Manufacturing Hub, *Forbes*, March 1, https://bit.ly/3201vF5 (accessed date: November 2, 2020).

10 人民網評（2020）：《一手抓防疫，一手抓經濟》，《人民網》，2020年2月7日，https://bit.ly/35TbTzU。瀏覽日期：2020年11月2日。

社會發展目標任務，保持經濟平穩運行 [11]。

　　作為碳排放大國，中國的排放量對全球氣候轉變舉足輕重，若然不顧一切追趕疫情帶來的經濟損失，情況令人擔憂。綠色和平政策顧問李碩指出，中國的碳排放可能出現「報復性增長」[12]。關注環境問題組織「中外對話」2020 年 3 月初發表評論，清楚表達其憂慮：「疫情過去，我們如何恢復經濟？如果沿襲慣常的做法，用政府財政推動高碳的基建和重工業對沖疫情的負面影響，其實就相當於好了傷疤忘了疼 —— 剛擺脫了公共衛生風險，就立即將社會和經濟置於氣候變化的巨大風險之下，這樣的投資明顯是不可持續的。」[13]

　　氣候變化為人類帶來的風險不容置疑，因此早於 2015 年聯合國便通過《巴黎氣候協議》，嘗試竭力遏止全球暖化。可惜各國領袖和地方首長長期從經濟角度去衡量生態保育工作，視大自然為「資源」，生態保育往往淪為經濟發展的工具。事實上，環境保育議題在國際會議上表面上是討論相關爭議，背後卻是國與國、地區與地區之間的利益爭奪。

　　美國作為全球第二大碳排放國家，特朗普總統上任後一直高舉振興美國經濟的旗幟，廢除多項環境保護法例。他認為《巴黎氣候協議》是對美國非常糟糕的協議，不滿中國、印度可以比美國更慢地逐步淘汰化石燃料，認為這是懲罰美國的同時讓外國污染製造者發財的不公平協議 [14]，所以美國於 2020 年 11 月正式退出。2021 年 1 月，新任總統拜登於就職當天簽署行政命令讓美國重新加入《協議》。

　　聯合國環境署發佈的《2019 排放差距報告》顯示，全球減排目標與現實之間的差距顯著地增加。聯合國祕書長古特雷斯感嘆：「十年來，《排

11　新華網（2020）：《習近平在浙江考察時強調 統籌推進疫情防控和經濟社會發展工作 奮力實現今年經濟社會發展目標任務》，2020 年 4 月 1 日，https://bit.ly/3jOFEGW。瀏覽日期：2020 年 11 月 2 日。

12　綠色和平（2020）：《病毒、環境、全球危機—— 3 件您該知道的事》，2020 年 3 月 20 日，https://bit.ly/3eikUpO。瀏覽日期：2020 年 11 月 2 日。

13　姚喆、武毅秀（2020）：《疫情之後，中國面臨經濟刺激選擇題》，中外對話，2020 年 3 月 5 日，https://bit.ly/35X9aFl。瀏覽日期：2020 年 11 月 2 日。

14　Trump, D., (2017): Statement by President Trump on the Paris Climate Accord, *White House*, June 1, https://bit.ly/323LBty (accessed date: November 2, 2020).

放差距報告》一直在發出警報，但十年來，世界只在增加碳排放量。」報告指出，過去十年全球溫室氣體排放量以每年 1.5% 速度上升，去年的碳排放量更創下歷史新高，達到 550 億噸[15]。今天地球「暫停營業」，科學家在努力尋找新型肺炎病毒宿主的同時，人類每位成員是不是也是時侯「停一停、諗一諗」，我們會不會成為氣候危機的「宿主」？ 2020 年 3 月《自然》向世界發出警告，人類「再沒有下一個十年」去應對氣候問題了[16]。

（二）綠色復甦與 2050 年碳中和：重奪未來？

特首林鄭月娥在 2020 年 11 月 25 日發佈新一份《施政報告》，終於承諾香港會在 2050 年達到碳中和。

削減碳排放香港成績 C-

碳中和對於全球應對氣候變化至關重要。聯合國政府間氣候變化專門委員會（IPCC）2018 年的報告指出，如果要把全球溫度升幅控制在攝氏 1.5 度以下，那麼全球人為碳排放必須在 2030 年前控制到較 2010 年減少大約 45%，並在 2050 年達到淨零碳排放[17]。全球六十多個國家如加拿大、南非及歐盟等，已承諾在 2050 年實現碳中和；有些國家設定更進取的目標，例如奧地利和冰島的承諾是 2040 年，芬蘭的更早至 2035 年。新

15　UN Environment Programme (2019): Cut global emissions by 7.6 percent every year for next decade to meet 1.5°C Paris target - UN report, November 26, https://bit.ly/3oNq-FAH (accessed date: November 2, 2020).

16　Höhne, N., den Elzen, M., Rogelj, J. & et al. (2020): Emissions: world has four times the work or one-third of the time. *Nature 579*, 25-28, https://go.nature.com/2TQvhrn (accessed date: November 2, 2020).

17　Chestney, N. & Chung, J.(2018): Rapid, unprecedented change needed to halt global warming–U.N, *Reuters*, October 8, https://reut.rs/3qvalWn (accessed date: December 3, 2020).

西蘭、智利、丹麥、法國、匈牙利和英國甚至把這目標納入法律[18]。

　　亞洲各國對減緩氣候變遷危機的表現一直落後於歐美。2020 年中國、日本和南韓終於「追上潮流」，先後宣佈碳中和的目標。三國的碳排放總量佔全球的三分之一，各國各界對於它們的承諾均表示歡迎。

　　國家主席習近平在 2020 年 9 月 22 日宣佈中國力爭二氧化碳排放於 2030 年前達到峰值，2060 年前實現碳中和；香港的《長遠減碳策略公眾參與報告》姍姍來遲，也終於在 11 月 13 日發佈，建議應在 2050 年或之前逐步邁向淨零碳排放。可持續發展委員會在報告中指香港「作為國家領先的國際城市及國際社會中負責任的一員」，擁有「先進的經濟體系、基礎建設發展完善、擁有優秀人才、財政穩健」，理應儘快制定 2050 年長遠溫室氣體低排放的策略[19]。

　　香港常以國際都會自居，但多年來環保政策一直被批評遠遠落後於國際社會，目標過於保守，減排成績強差人意。巴黎協議監察計劃（Paris Watch）指出，2019 年香港削減碳排放的成績只得 C-，政府的保守目標也有大幅落後的危機[20]。

從綠色復甦到 2050

　　2016 年《巴黎氣候協議》簽署後，香港公佈《香港氣候行動藍圖 2030+》，訂出首個減排目標，將碳強度由 2005 年的水平降低 65% 至 70%，相等於將絕對碳排放量減低 26% 至 36%，而人均碳排放量將減至介乎 3.3 至 3.8 公噸。然而，這目標被環保團體批評不夠進取，比起 C40 城市氣候變化領導聯盟按《巴黎氣候協議》訂下 2030 年人均碳放量減

18　綠色和平（2020）：《關於東亞三國承諾碳中和目標，你應該知道的 6 件事》，2020 年 11 月 26 日，https://bit.ly/3mMWj0 。瀏覽日期：2020 年 12 月 3 日。

19　可持續發展委員會（2020）：《長遠減碳策略公眾參與報告》，https://bit.ly/3myybOw 。瀏覽日期：2020 年 12 月 3 日。

20　低碳想創坊（2019）：《〈巴黎協議監察計劃〉（Paris Watch）香港成績表 2019》，https://bit.ly/2Vtbb7o 。瀏覽日期：2020 年 12 月 3 日。

至 2 公噸的目標，高出 65% 至 90%[21]。不過，目標保守不等於可以順利過關，根據港府的最新數字，2018 年香港的溫室氣體總排放量為 4,060 萬公噸二氧化碳當量，人均排放量約為 5.4 公噸，較 2017 年上升 0.5%，與當年承諾 2020 年把人均排放量減至少於 4.5 公噸[22]這個目標似乎相差甚遠。

細看香港溫室氣體排放量數據，我們看到在能源下的三個排放源——「發電及煤氣生產」、「運輸」和「其他燃料耗用」——只有「發電及煤氣生產」的碳排放量在減少，由 2014 年的 3,120 萬公噸二氧化碳當量減至 2018 年的 2,660 萬公噸，但「運輸」和「其他燃料耗用」都在不斷上升；再加上「廢棄物」和「工業過程及產品使用」的排放量也在不斷增長，使「發電及煤氣生產」本身減少 14.74% 的碳排放量，最終被其他源頭的排放增長抵消，總體碳排放量只是減少了 8.76%[23]。

那麼，香港可以在 30 年內達到碳中和這目標嗎？

收集了 7.1 萬份個人意見和 52 份團體或公司意見書，還有超過 5,000 份請願信，最新的《長遠減碳策略建議報告》提出了六個總體目標，55 項建議涵蓋建築環境、能源、交通、城市規劃與管理等八個主要範疇，為香港減碳出謀獻策。此外，智庫思匯政策研究所（Civic Exchange）和世界資源研究所（WRI）亦於 2020 年 6 月發表《邁向更美好的香港：2050 年實現淨零碳排放藍圖》報告，認為香港透過能源減碳、改善建築物能源效益和增強運輸系統可達性，將可以減少高達 90% 的溫室氣體排放，餘下的 10% 則可透過碳交易等方案抵消，具有在 2050 年前實現淨零碳排放的潛力[24]。前天文台台長林超英也在其網誌發表《香港 2050 年零碳排放路線圖》，指出零碳發電、輸入綠色氫氣、交通工具電氣化或使用綠

21 CarbonCare InnoLab (2018): Paris Watch Climate Action Report:Hong Kong's Contribution To The Paris Agreement Goals, https://bit.ly/3lzMkd1 (accessed date: December 3, 2020).

22 政府新聞網（2020）：《2018 溫室氣體排放量公佈》，2020 年 6 月 27 日，https://bit.ly/3qxKpcC 。瀏覽日期：2020 年 12 月 3 日。

23 環境局（2020）：《按排放源劃分的香港溫室氣體排放量》，https://bit.ly/37yAF96 。瀏覽日期：2020 年 12 月 3 日。

24 Civic Exchange & WRI (2020): Towards a Better Hong Kong: Pathways to Net Zero Carbon Emissions by 2050, https://bit.ly/2G5vX9i (accessed date: December 3, 2020).

色氫氣、全民節能、減少汽車、減少廚餘、適當處理廚餘和生物廢料，是香港及時達到零碳排放的關鍵工作[25]。

　　三份不同的建議其實有很多共同元素，大家都相信香港是有潛力達至碳中和的。縱使前路挑戰重重，但那些都不是香港獨有的難題。全球都在應對新冠疫情帶來的經濟衝擊，也紛紛提出「綠色復甦」（Green recovery），為的是不想世人從疫情危機步入早已逼在眉睫的氣候危機。

　　2020 年 6 月國際能源總署（IEA）發表《可持續復甦》（ *Sustainable Recovery* ）報告，就三個主要目標制定了一項三萬億美元的綠色經濟復甦計劃，包括刺激經濟增長、創造就業機會和建立更具彈性且更清潔的能源系統。IEA 執行董事 Fatih Birol 強調：「未來三年的政策作為，將會影響未來 30 年的排碳趨勢」。根據這綠色復甦計劃，未來三年每年可以拯救或創造約 900 萬個工作崗位，使全球經濟增長每年增加 1.1%，並減排45 億噸跟能源相關的全球溫室氣體[26]。Carbon Brief 在 2020 年 8 月發表的研究也指出，如果各國政府採取綠色的經濟復甦，2050 年世界可以減少攝氏 0.3 度的溫升[27]。

「綠色基本法」重新出發？

　　1987 年世界環境及發展委員會發表《我們共同的未來》報告，正式定義「可持續發展」，被視為環保觀點和綱領的里程碑。香港當時正值起草《基本法》，面臨前途一大變局的重要時刻，同年本土環保組織長春社在「世界環境日」發表《香港環境基本法》，希望可以把環境生態問題和保育意識寫進《基本法》，讓香港能可持續地發展下去。當中建議的九點

25　林超英（2020）：《香港 2050 年零碳排放路線圖》，草雲居，2020 年 10 月 24 日，https://bit.ly/3qkNoEZ 。瀏覽日期：2020 年 12 月 3 日。

26　Fatih Birol (2020): Building momentum for a sustainable recovery, *IEA*, July 13, https://bit.ly/3qoYZTu (accessed date: December 3, 2020).

27　Gabbatiss, J. (2020): Coronavirus: Green recovery "could prevent 0.3C" of warming by 2050, Carbon Brief, August 7, https://bit.ly/36AlAUI (accessed date: December 3, 2020).

原則甚具遠見：

1. 一切社會、經濟、政治發展，都應該以保養、培養、重生環境之中有限的自然資源為計劃的依歸。清潔的能源應該推廣。

2. 一切發展計劃在規劃時必須先做好全面的環境影響研究，使用土地的計劃尤其如此。

3. 每個香港居民都有權知道涉及環境的事情，應該有權獲悉計劃、報告、研究結果，以及關於影響環境的計劃、行動、事件的一切資料，不論這些資料是屬於政府、公共事業、私營機構者都不例外，這些是基本的市民權利。一切主要計劃都要先舉行聽證會，保證每一個市民都得以行使其不可剝奪的權利，對影響自身生命及自己的環境那些計劃參與決定。

4. 污染者付出代價以清除污染物這個原則必須付諸行動，尤其是大型工業及商業污染者更要如此。

5. 應設立獎賞方法，鼓勵用清潔、不污染的方式生產及循環使用物品與包裝，耗用自然資源者更要如此。

6. 凡對人類健康，其他生物或自然環境造成長期無法挽救的破壞的生產過程，都必須禁止在香港使用。

7. 香港各行業都應該禁止製造有毒性廢料，更不准進口、貯藏、處理此類物品。

8. 環境保護研究應該成為教育制度每一級別的主要課程一部分。

9. 應該誠意致力恢復及培養綠色環境，例如推行大規模的植樹計劃、保育沼澤及保養郊野公園。

可惜，「綠色基本法」落空了。今天，香港的清潔能源不足 1%，土地被破壞、廢物棄置量年年創新高，回收率每況愈下⋯⋯。長春社的建議被香港環保先鋒周兆祥博士收錄在他 1988 年撰寫的《爭取可以活下去的香港》一文，文中說到香港在擬訂未來的法律時沒有顧及環境問題，慨嘆「這個地方是沒有前途的。[28]」

28　周兆祥（1988）：《爭取可以活下去的香港》，《綠色政治》，香港：明窗出版社。

三十多年後，香港再次站在環境保護的重要時刻，而在這次歷史洪流面前，特區政府承諾會坐上正確的船航：《施政報告》表示未來一年會推出廢物管理長遠策略藍圖、首份電動車普及化路線圖、為停售傳統燃油私家車籌劃目標、更新《香港清新空氣藍圖》等政策[29]。其實這些都不是什麼創新想法，世界各地都在積極進行，香港要做的是奮起直追。希望這一次契機能成為香港綠色發展的一個轉折點，不要讓 2050 年碳中和這目標流於「假設情景」的一個「願景」，而是真的「砥礪前行，重新出發」。

（三）電動車普及化政策：穿越重來？

也許很多人對電動車是否真的是「零排放」仍心存懷疑，也許人們不難找到一些「科學報告」去反駁電動車的環保效用，例如認為製造電動車的過程所產生的碳排放比傳統燃油車更不環保，認為製造電動車電池及將之棄置所帶來的污染可能更嚴重，等等。不過，2020 年 3 月英國劍橋大學、埃克塞特（Exeter）大學及荷蘭拉德伯德（Radboud）大學的研究人員在《自然可持續發展》（Nature Sustainability）期刊上發表有關電動車碳排放的最新研究報告，他們透過生命週期評估（Life Cycle Assessment）證實電動車整個生命週期的淨排放比傳統燃油車要少。雖然不同國家或地區的發電方式會影響電動車的碳排放表現，但整體而言，全球 95% 電動車都較傳統燃油車優勝，政府推廣電動車政策有助國家減少碳排放[30]。

空氣污染嚴重危害公共健康已然不能否定。研究環境變化的「雨

29　林鄭月娥（2020）:《行政長官 2020 年施政報告：砥礪前行 重新出發》，https://bit.ly/3g3A2lx。瀏覽日期：2020 年 12 月 3 日。

30　Knobloch, F., Hanssen, S., Lam, A. et al. (2020): Net emission reductions from electric cars and heat pumps in 59 world regions over time. *Nat Sustain* 3, 437—447. https://doi.org/10.1038/s41893-020-0488-7 (accessed date: November 3, 2020).

果天文台」總監 François Gemenne 接受《福布斯》（Forbes）訪問時表示，空氣污染對人類健康的影響比新型肺炎更嚴重，每年法國有 48,000 人、中國有超過 100 萬人死於空氣污染[31]。2020 年 3 月一班德國科學家在 Cardriovascular Research 發佈最新研究結果，用世衛數據進行估算，全球每年因為空氣污染而導致死亡的人數高達 880 萬，遠遠高於以前估計的 450 萬[32]。空氣污染是「全球大流行」問題，香港當然也不能倖免，香港大學公共衛生學院的《達理指數》顯示，2018 年有 1,685 人因為空氣污染而提早死亡，總經濟損失超過 200 億元[33]。

　　電動車並不是解決全球暖化及空氣污染一服見效的靈丹妙藥，但推動潔淨能源車普及化是大勢所趨，傳統燃油車終有一日會被淘汰。2015 年聯合國氣候變化大會通過了《巴黎氣候協議》，多個國家開始就禁售燃油車作出討論。當中英國、荷蘭、挪威、德國，以及美國 18 個州等組成「零排放車輛同盟」，陸續為禁售燃油車定出時間表，承諾以 2050 年為期限，希望儘快達到路上零排放的目標。

　　而最先實行禁售令的挪威將於 2025 年開始限制傳統汽油、柴油車的出售。嚴格來說，挪威政府沒有禁止售賣，只是採取嚴厲的「污染者自付」徵稅政策，希望做到逐步淘汰燃油車。自 2017 年 1 月開始，挪威售出的新車當中有一半以上是電動或混能車，是第一個零排放或低排放汽車銷量高過傳統燃油車總和的國家[34]。

　　英國原定於 2040 年實行禁令，但在 2019 年 11 月舉行的聯合國氣候峰會發佈會上，首相約翰遜宣佈把禁售汽油、柴油或混合動力汽車的命

31　McMahon, J., (2020): Coronavirus Lockdown May Save More Lives by Preventing Pollution Than by Preventing Infection, *Forbes*, March 11, https://bit.ly/3oKECzk (accessed date: November 3, 2020).

32　Lelieveld, J., Pozzer, A., Pöschl, U., et al. (2020): Loss of life expectancy from air pollution compared to other risk factors: a worldwide perspective, *Cardiovascular Research*, Volume 116, Issue 11, 1910—1917, https://doi.org/10.1093/cvr/cvaa025 (accessed date: November 3, 2020).

33　香港大學公共衛生學院：《達理指數》，https://bit.ly/3265uAj。瀏覽日期 2020 年 11 月 3 日。

34　Dugdale, M., (2018): European countries banning fossil fuel cars and switching to electric, *Road Traffic*, August 1, https://bit.ly/2Gn2cAR (accessed date: November 3, 2020).

令提前至 2035 年實施，甚至表示或會因應能源轉型的情況將禁令更早生效[35]。約翰遜聲稱 2020 年將是地球的「決定性的氣候行動年」，發起「2020氣候行動年」(UK Year of Climate Action) 去應對氣候問題[36]。

2017 年 7 月法國環境部長 Nicolas Hulot 表示為了達到《巴黎氣候協議》的目標，法國計劃從 2040 年開始全面停止出售汽油車和柴油車。要知道當時法國只有 3.5% 混能車及 1.2% 的純電動車[37]，難怪 Nicolas Hulot 稱此為「真正的革命」，決心決定成敗。

對於作為汽車工業強國的德國而言，禁售燃油車是一個極大的挑戰。也是在 2017 年，總理默克爾接受媒體訪問時表示認同汽車轉型的做法，但當時未能就淘汰所有燃油車訂下明確的時間表。即使如此，默克爾表明當電動車的充電設施和技術改善後，這種結構上的轉型是可能實現的[38]。雖然沒有禁售令，但卻有禁行令 —— 2018 年 2 月德國聯邦最高行政法院宣佈每個城市都可以頒佈禁止柴油車進入市區的禁令[39]。三個月後，漢堡市政府宣佈禁止未符合歐盟六期排放標準的柴油車在市區內兩條主要幹道通行，成為德國首例[40]。

當然，並不是所有國家或地區都一面倒支持電動車。新加坡便曾經是一個例外。2019 年電動車龍頭廠商 Tesla 的執行長 Elon Musk 接受訪問時表示，新加坡政府並不歡迎電動車，所以發展速度非常緩慢。新加坡政府亦不否認，更反駁指 Tesla 不過是售賣一種生活方式，而不是真正解

35　MacLellan, K., (2020): Electric dream: Britain to ban new petrol and hybrid cars from 2035, *Reuters*, February 4, https://reut.rs/3kVMVpU (accessed date: November 3, 2020).

36　Harvey, F., (2020): Boris Johnson promises urgent climate action after stinging criticism, *The Guardian*, February 4, https://bit.ly/3mNiKS4 (accessed date: November 3, 2020).

37　BBC (2017): France set to ban sale of petrol and diesel vehicles by 2040, July 6, https://bbc.in/2l2nhBk (accessed date: November 3, 2020).

38　Lambert, F., (2017): Germany now also considering going electric-only with ban on petrol and diesel cars amid auto industry scandals, *Electrek*, August 15, https://bit.ly/329DwU7 (accessed date: November 3, 2020).

39　Wacket, M., Wissenbach, I., (2018): Diesel cars can be banned from German cities, court rules, *Reuters,* February 27, https://reut.rs/3kTy1jJ (accessed date: November 3, 2020).

40　Oltermann, P., (2018): Hamburg becomes first German city to ban older diesel cars, *The Guardian*, May 23, https://bit.ly/3oU22lO (accessed date: November 3, 2020).

決氣候問題，認為大眾交通的便利性才是解決環境污染和地球暖化的正途[41]。

　　然而 2020 年 2 月，新加坡政府對電動車的立場和政策轉了一個大彎，副總理兼財政部長王瑞杰宣佈淘汰燃油車的政策，目標是到 2040 年所有車輛都須使用潔淨能源發動。政府更提出補貼政策以鼓勵市民購買電動車，並將充電設施由現時的 1,600 個增加至 2030 年的 2.8 萬個。為什麼政策有這應大轉向？王瑞杰解釋，電動車是一項最有前景的技術，而新加坡境內的行駛距離較短、對購買汽車的控管十分嚴格，因此非常適合使用電動車[42]。

　　這個大轉彎幫助新加坡回到正軌，重新與國際連接。香港特區政府中央政策組在 2015 年的一份報告中也曾經自詡這裏是「全世界最適合用電動車的地方」[43]，但近年在推動電動車政策上卻轉了一個跟國際趨勢背道而馳的大彎。

　　早於 2009 年，特區政府似乎便洞悉電動車的發展趨勢，成立「推動使用電動車輛督導委員會」去推廣電動車普及化；同年的《施政報告》更列出明確目標，希望「香港成為亞洲區內最廣泛使用電動車的地區之一」[44]。2011 政府修訂《香港規劃標準與準則》，長遠目標希望可以在 2020 年「有 30% 私家車屬電動車輛或混合動力車輛」，更假設電動私家車與充電站的比例應不低於一比一，希望「新建築物的私家車泊車位應有 30% 可以提供相關充電設施」[45]。

41　Murtaugh, D., Chin, Y. C., & Amin, H., (2019): Singapore Says Musk's Electric Cars Are About 'Lifestyle,' Not Climate, *Bloomberg*, August 22, https://bloom.bg/3kR4VBK (accessed date: November 3, 2020).

42　Murtaugh, D., Mokhtar, F., & Cheok, M., (2020): Once Criticized by Musk, Singapore Is Finally Welcoming Electric Cars, *Bloomberg*, February 18, https://bloom.bg/34RUNDi (accessed date: November 3, 2020).

43　香港特別行政區政府中央政策組（2015）：《推廣使用電動車背景研究》，https://bit.ly/3l4Pdmk。瀏覽日期 2020 年 11 月 3 日。

44　香港行政長官（2009）：《2009-2010 施政報告：群策創新天》，https://bit.ly/3oTNnHk。瀏覽日期 2020 年 11 月 3 日。

45　香港特別行政區政府規劃署：《香港規劃標準與準則》，https://bit.ly/2TwDMaU。瀏覽日期 2020 年 11 月 3 日。

然而十年過去，根據運輸署最新統計，香港現時只有 1.36 萬輛電動私家車，佔整體私家車 2%[46]，與 30% 的目標相差甚遠。2019 年環境局局長黃錦星在立法會會議中解釋說，30% 不是「具體目標」，而是「預計情景」[47]！電動車的發展本身就需要長期政策來推動，做起來確實面對很多挑戰。

　　政府 2009 年的「目標」來到 2019 年卻降格成為「願景」，實際的降格行動就是在經濟誘因上「開倒車」。根據「電動車政策研究組」的意見書透露，香港自 1994 年開始起豁免電動車首次汽車登記稅以鼓勵市民購買電動車，直至 2014 年下半年才開始漸見成效。在 2014 年 12 月至 2017 年 3 月，共有電動私家車 10,589 輛，普及率由 0.2% 升至接近 1.8%[48]。然而，政府卻在 2017 年的《財政預算案》中將電動私家車的首次登記稅寬減額由全數寬免改為以 9.75 萬元為上限[49]，使市民購買電動車的意慾大大減低。

　　經濟誘因被削弱之後，新登記數目隨即下跌。2017 年 590,129 輛登記私家車中，有 10,588 輛是電動私家車，普及率為 1.794%。由 2017 年 4 月到 2018 年 3 月，只有 104 輛新登記的電動車，普及率下跌至 1.769%；相反，私家車的增長依然有增無減，同時段新登記的非電動車有近 14,500 輛。後來推出的「一換一」計劃限制多多，成效欠佳；經過多個立法會議員、電動車組織及交通政策關注組倡議之後，政府才放寬電動車「一換一」的限制。廣大市民認為政府是「轉軚」了，2019 年申訴專員公署的調查報告也批評政府未有清晰地向公眾說明電動車政策的轉變[50]，但環

46　香港特別行政區政府運輸署（2020）：《交通運輸資料月報》，2020 年 1 月，https://bit.ly/3kWE1s9。瀏覽日期 2020 年 11 月 3 日。

47　立法會（2019）：《環境事務委員會會議紀要》，2019 年 1 月 28 日，https://bit.ly/3jV-roMD。瀏覽日期 2020 年 11 月 3 日。

48　電動車政策研究組（2019）：《立法會環境事務委員會議程「推廣使用電動車輛」的意見書》，立法會 CB(1)509/18-19(02) 號文件，https://bit.ly/3eAnlyZ。瀏覽日期 2020 年 11 月 3 日。

49　香港財政司長（2017）：《二零一七至一八財政年度 政府財政預算案》，https://bit.ly/3l20hkw。瀏覽日期 2020 年 11 月 3 日。

50　香港申訴專員公署（2019）：《政府對電動私家車配套設施的規劃及安排》，https://bit.ly/3jWQECf。瀏覽日期 2020 年 11 月 3 日。

保署卻回應謂政府的推廣工作是「與時並進」[51]。我們真的「進步」了嗎？實情是香港非但沒有跟上歐洲國家的步伐，甚至被內地城市超越了。

禁售傳統燃油車也是中國國策，早在「十三五規劃」政府便將新能源汽車列明為之後五年的重點發展項目之一，大力補貼推動新能源汽車產業發展[52]。因此，中國自 2017 年便提出研究「禁售燃油車時間表」；2019 年 5 月發佈了《中國傳統燃油車退出時間表研究》報告，聲明傳統燃油車有望於 2050 年以前全面退出中國[53]。2019 年 3 月，海南省發佈《清潔能源汽車發展規劃》，規定 2030 年起全省全面禁止銷售燃油車，成為中國首個宣佈禁令的省[54]。

香港談的就只能是「願景」，聲稱自己「有條件」在 2040 年前禁售汽油車等傳統燃料車輛。2020 年的《財政預算案》表示會進一步「探討」推廣電動車的政策，其中包括制定電動車普及化路線圖。我們期望，這次的「探討」能落實為長遠執行的政策，包括能制定具體目標。

（四）誰是推展再生能源發電的大山？

香港智庫思匯政策研究所（Civic Exchange）和世界資源研究所（WRI）在 2020 年 6 月發表《邁向更美好的香港：2050 年實現淨零碳排放藍圖》（下稱《藍圖》）報告，認為香港具備充分潛力在 2050 年前實現淨零碳排放。潛力何在呢？報告指出，透過能源減碳、改善建築物能源效益和增強運輸系統可達性，將可以減少高達 90% 的溫室氣體排放，餘

---

51 香港特別行政區政府新聞公報（2019）:《環保署多管齊下推動電動車發展》，2019 年 10 月 22 日，https://bit.ly/3jTAFVp。瀏覽日期 2020 年 11 月 3 日。

52 國務院（2016）:《「十三五」國家戰略性新興產業發展規劃》，https://bit.ly/3jVUlb9。瀏覽日期 2020 年 11 月 3 日。

53 能源與交通創新中心（2019）:《中國傳統燃油車退出時間表研究》，https://bit.ly/3kZu7G7。瀏覽日期 2020 年 11 月 3 日。

54 海南省人民政府（2019）:《海南省清潔能源汽車發展規劃》，https://bit.ly/3jTjLGA。瀏覽日期 2020 年 11 月 3 日。

下的 10% 則可透過碳交易等方案抵消 [55]。

可再生能源發電愧對亞洲同儕

能源是最具潛力的領域，報告提出四大建議：（1）開發更多本地可再生能源；（2）確保按時完成從燃煤發電過渡到燃氣發電，而在碳捕捉與封存技術（CCS）成熟時，計劃在燃氣發電機組中加入 CCS；（3）通過區域合作輸入更高比例的零碳排放能源；（4）以低或零排放氫氣代替本地燃氣供應。循着路線圖完成這四大建議，香港就有望在 30 年後減少排放 2,700 萬噸二氧化碳。

《藍圖》為香港環保帶來了好消息嗎？《藍圖》發表後不久，天文台前台長林超英也據此欣言，香港零碳排放不再是夢，認為研究顯示可再生能源科技快速成熟，提供了通往零碳排放之路；只要政府下定決心推行政策、市民熱心參與節能減廢、商界用心降低業務的碳足印、社會團體同心推廣減碳教育 [56]……等等，美夢自然成真。

特區政府推動環保工作的「往績」，真的足以令關心環保的朋友尚存憧憬？香港的碳排放總量當中，有近七成源自發電，因此在零碳排放的路線圖上，能源轉型起着關鍵作用。環境局局長黃錦星書面回應立法會有關發電燃料組合問題時指出，2019 年香港的整體發電燃料組合當中，燃煤發電約佔 44%，天然氣發電約佔 29%，約 27% 是從內地輸入核電及本地可再生能源 [57]。把本地可再生能源的百分比加到內地輸入核電的百分比作為一個項目，黃錦星的文字遊戲玩得「用心良苦」，因為前者數字太愧對同儕了：2018 年立法會檔案透露，作為國際都會的香港，可再

55　Civic Exchange (2020): Towards a Better Hong Kong: Pathways to Net Zero Carbon Emissions by 2050. Available from: https://bit.ly/2G5vX9i (accessed date: September 3, 2020].

56　林超英（2020）：《零碳排放新經濟系列：香港零碳排放不是夢》，草雲居，2020 年 7 月 3 日，https://bit.ly/3oumjy」。瀏覽日期 2020 年 9 月 3 日。

57　黃錦星（2019）：《可再生能源》，香港特別行政區政府新聞公報，2019 年 10 月 23 日，https://bit.ly/3kxsYp5。瀏覽日期 2020 年 9 月 3 日。

生能源僅佔整體發電裝機容量不足 0.1%　——　亞洲的比例是 30.4%，中國內地是 34.7%、日本是 32.9%、南韓是 11.8%，新加坡也有 1.9%[58]；2019 年再生能源佔台灣總發電量的 5.6%[59]。

　　可再生能源科技在不斷進步是不爭事實。以太陽能為例，2006-2016 年間的發電容量已經以平均每年 46% 的趨勢上升，整體可再生能源發電量的比例也由 1% 飆升至 14%[60]。在每年平均日照時間只有 1,600 小時的德國，太陽能已經佔全國總發電量的 8%[61]。那麼每年平均日照時間長達 1,836 小時的香港呢？在整體不足 0.1% 的可再生能源發電量當中，太陽能只貢獻了 2%。根據 2015 年香港理工大學一項有關天台式太陽能光伏系統發展潛力的研究，在全港 31 萬幢建築物當中，只需 75% 的天台安裝太陽能板，就可以滿足全港 10% 的電力需求[62]；這還未包括利用水塘、岩石坡、天橋上蓋等空間。由此可見，香港可再生能源發展嚴重落後。

「是不為也，非不能也」

　　在能源轉型的道路上，政府角色是為關鍵。國際再生能源署（International Renewable Energy Agency）在 2018 年發表《全球能源轉型：2050 路線圖》（*Global Energy Transformation: A Roadmap to 2050*），強調能源轉型在技術上即使可行又具有經濟效益，但它並不會自然發生，需要迫切地採取政策行動[63]。牛津大學能源研究所於 2019 年發表論文《能源轉型藍圖》（A road map to navigate the energy transition），提出四大論點，第

58　余鎮濠（2018）：《選定地方的太陽能上網電價》，香港特別行政區立法會秘書處資料研究組，IN04/17-18，https://bit.ly/3dYpfOI。瀏覽日期 2020 年 9 月 4 日。

59　能源資訊組（2020）：《2019 台灣能源情勢回顧》，風險社會與政策研究中心，https://bit.ly/2TuzAbK。瀏覽日期 2020 年 9 月 4 日。

60　同 4。

61　Wehrmann, B., (2020): Solar power in Germany-output, business & perspectives, *Clean Energy Wire*, April 16, https://bit.ly/3mnmiKL (accessed date: September 3, 2020).

62　同 4。

63　國際再生能源署（2018）：《全球能源轉型：2050 路線圖》，國際再生能源機構，https://bit.ly/2IZRUrh。瀏覽日期 2020 年 9 月 3 日。

一項就指出能源轉型是由政策而非科技進步所驅動[64]。綠色和平資深項目主任楊凱珊於 2017 年撰文力陳香港可再生能源少如鳳毛麟角的主因，正是缺乏政策支持[65]。政府正是香港實現淨零碳排放美夢的一座大山。

香港發展可再生能源的最大阻力是電力政策。政府以確保供電的可靠和穩定性為由，自 1964 年開始與中電和港燈簽訂《管制計劃協議》。其後幾十年間有不少環保團體和學者提出改善電力政策的建議，都不得要領。香港城市大學能源與環境政策研究中心總監鍾兆偉認為，香港的可再生能源難以發展是因為電網沒有第三方加入競爭[66]；香港地球之友科研及政策經理洪藹誠認為開放電力市場有利於提高可再生能源的市場競爭力，是推動可再生能源應用的重要一步[67]。

香港自 2000 年開始積極討論可再生能源發展，當時機電工程署轄下的能源效益事務處展開「香港使用可再生能源的可行性」顧問研究，報告指出太陽能、風能、附設於建築物的燃料電池，以及廢物轉化能源等可再生能源，都有潛質在香港大規模應用。報告更就制定實施策略向政府提出建議，包括設立機制讓各項可再生能源計劃的投資者可以得到合理或具合理吸引力的回報、採取措施使各項可再生能源計劃較容易接駁到現有的供電網絡，以及提出開放電力市場和上網電價的概念[68]。此後，政府於 2005 年和 2006 年就香港電力市場未來的發展進行了兩階段的公眾諮詢。當時大家都視 2008 年為一個契機，政府會在利潤管制協議屆滿時開放電力市場。

結果，2008 年的新協議只是把兩電的准許回報率由 13.5%-15% 下調

64　Blazquez,J., Fuentes-Bracamontes, R. &Manzano, R. (2019): A road map to navigate the energy transition, https://bit.ly/31MH2nh (accessed date: September 3, 2020).

65　楊凱珊（2017）：《再生能源潮流為何還未到香港？》，CUP，2017 年 5 月 23 日，https://bit.ly/3kB3TK2。瀏覽日期 2020 年 9 月 3 日。

66　林立勝（2018）：《【上網電價】開放電網討論無止境　港人用電何時有得揀》，《香港01》，2018 年 10 月 2 日，https://bit.ly/3oxa6ZC。瀏覽日期 2020 年 9 月 3 日。

67　洪藹誠（2017）：《未開放電網，再生能源發展逐內地》，《香港經濟日報》，2017 年 5 月 3 日。

68　機電工程署（2002）：《香港使用可再生能源的可行性》，https://bit.ly/2G1F76C。瀏覽日期 2020 年 9 月 3 日。

至 9.99%[69]。時任環境局局長邱騰華説，新協議的條款完全符合市民在諮詢時所表達的期望，充分體現政府「兩減，一開放」的政策目標——「兩減」即減低兩電准許回報率和持續減低污染排放，「一開放」就是為早日開放電力市場創造有利條件。

面對社會大眾對發展可再生能源的訴求，政府向兩電提供財政誘因，把投資可再生能源的准許回報率由傳統能源投資的 9.99% 增加至 11%。然而，從 2008 到 2017 年，全港只安裝了 50 個接駁電網的可再生能源發電系統，包括 46 個太陽能光伏系統和四個風力發電系統[70]。

實行「上網電價」：積極與敷衍

苦候十年，終於再一次討論開放電網，但政府只是引入「上網電價」計劃，讓市民可以自行投資發展可再生能源並接駁到電網，再由兩電以較「正常」為高的價格回購電力。上網電價歷史悠久，全球已有 110 個地方以上網電價政策推動可再生能源發展，日照時間不如香港的德國已建有超過 180 萬個太陽能系統。香港到 2000 年方才展開討論可再生能源發展，但同年德國已經推出《可再生能源法》，政府根據發電的實際成本為每一種可再生能源發電技術確立了每千瓦時（kWh）的特定支付金額，並且提出「保證收購價格」（Feed-in Tariff FiT，即「上網電價」），政府以每度 50 歐分（約港幣 4.8 元）收購可再生能源[71]。

中國內地也採用「上網電價」鼓勵太陽能、風電等投資，廣東省南方電網以人民幣 0.98 元收購太陽能，高於煤電的 0.47 元[72]。當香港為「上網電價」申請項目突破 1 萬、屆時每年的產電量可以滿足 3.8 萬戶家庭的

69　香港特區政府（2008）：《政府與兩電簽署新〈管制計劃協議〉》，https://bit.ly/2TsCg-GV。瀏覽日期 2020 年 9 月 3 日。

70　同4。

71　陳文姿（2017）：《從保證收購價到市場競爭　德國綠能如何做到？》，台灣環境資訊中心，2017 年 9 月 1 日，https://bit.ly/3e0THb3。瀏覽日期 2020 年 9 月 3 日。

72　黎廣德（2016）：《兩電迷信天然氣　能源歪路全民皆輸》，《明報》，2016 年 5 月 19 日，A27 頁。

用電量而感到興奮時，2018 年中國內地的可再生能源已佔全國發電量的 26.7%。

香港討論可再生能源已經超過 20 年，但它貢獻的香港發電量仍然不足 1%。2002 年機電工程署的可行性研究報告考慮到可再生能源在香港發展的種種限制，以「審慎」的態度定下「123 目標」：2012 年可以滿足 1% 的全年電力需求（以 1999 年為基準），2017 年達到 2%，到 2022 年可以達至 3%[73]。但北望神州，國家發展改革委員會 2016 年發表《能源發展「十三五」規劃》，訂下在 2020 年前將它佔全國總發電量的比率提升至 27%[74]，這種視野及推行力度，實在值得香港政府學習。

十多年前港府曾就前述有關可再生能源發電的研究結果進行公眾諮詢，大部分回應者都認為報告建議的目標過於保守，可見社會大眾對可再生能源發展老早就滿心期盼。現在細讀林超英指出全球綠色氫氣產業在 2019-2020 年出現巨變，零碳燃料成為大趨勢；《藍圖》建議以氫氣代替本地燃氣供應……，再回看政府推展有關政策的態度，不知道香港淨零碳排放是否會好夢成空。

（五）釋出公共用地推動社區太陽能發電

2020-2021 年新冠肺炎重挫全球經濟，但股票市場卻十分熱鬧。走在路上，總有人正在用手機看着股票走勢。後疫症時代全球高舉「綠色復甦」的旗幟，太陽能概念股不論在 A 股市場、港股市場還是美股市場都受到追捧。無他，中國 2020 年宣佈要在 2060 年達至碳中和，12 月的中央經濟工作會議提出 2021 年經濟部署的八大任務的其中一項就是做好碳達峰、碳中和工作。如何做好？國家氣候變化專家委員會副主任何建坤

73　同 14。

74　國家發展改革委（2016）：《可再生能源發展「十三五」規劃》，https://bit.ly/310e-ZUt。瀏覽日期 2020 年 9 月 3 日。

在接受《人民日報》訪談時指出，要實現碳強度大幅下降的其中一個重點是加快發展新能源、優化能源結構[75]。另一邊廂，美國新任總統拜登上場前已制定兩兆美元的清潔能源和基礎設施的投資計劃[76]，上任後即重新加入《巴黎氣候協議》，並承諾美國在 2050 年之前溫室氣體排放量達到淨零，進一步發展清潔能源成為眾人憧憬。

選擇太陽能的權利

　　能源轉型成為全球不應逆轉的趨勢，當中又以太陽能的技術發展得最為成熟。2020 年國際可再生能源機構（IRENA）報告指出，全球再生能源成本持續下降，過去十年太陽能發電的組件價格下降了超過 90%、平準化能源成本（LCOE）下降了 82%[77]。然而，我們對太陽能概念股的熱情是否可以同時在現實生活中實踐出來？我們能否把概念轉化為行動，在生活方式中「strong hold」太陽能？

　　事實是，買太陽能股票的人不一定在生活中都支持太陽能發電，問題在於現實上我們有沒有選擇生產太陽能、使用太陽能的權利？

　　談到「選擇」、「權利」，香港情況向來複雜。目前，香港推動太陽能政策主要有「上網電價」計劃，市民可以自行安裝太陽能發電系統接駁到兩電電網，以每度電港幣 3-5 元向電力公司售賣所生產的太陽能。此計劃有效至 2033 年。另外，兩電亦提供「可再生能源證書」，讓市民和企業以每度電 0.5 元購買可再生能源，從而支援可再生能源的發展。

　　「上網電價」為市民提供經濟誘因投資太陽能。自 2018 年 10 月 1 日政府推出「上網電價」後，根據中電財務摘要指出，截至 2020 年底中電

75　孫秀艷、寇江澤（2021）:《權威訪談：如何做好碳達峰、碳中和工作？》，人民網，2021 年 2 月 1 日，http://bit.ly/37OESX5。瀏覽日期 2021 年 2 月 27 日。

76　The Economic Times (2020): Joe Biden announces USD 2 trillion climate plan, vows to rejoin Paris deal on climate change, July 15, http://bit.ly/3bLYaNZ (accessed date: February 27, 2021).

77　International Renewable Energy Agency (2020): Renewable Power Generation Costs in 2019, https://bit.ly/3pXcyZ6 , (accessed date: February 27, 2021).

接獲超過 13,000 份申請，較 2019 年的 6,900 份申請增加近一倍；總發電容量達 175 兆瓦，等同約 42,800 個家庭的一年用電量[78]。有經濟誘因推動民間生產可再生能源，升幅何止 100%。「上網電價」推出前，在 2012-2017 年全港只有九個村屋安裝太陽能發電系統接駁至電網[79]，現時的升幅簡直是帶大家奔向太陽了。

如此看來，「我們」是有選擇權利了？然而許多環保人士批評，現時香港的太陽能政策只是「小圈子」受惠的政策，其實我們當中又有多少人的住宅有私人天台可以安裝太陽能發電系統呢？大多數還是只能望「陽」興嘆吧？

2020 年環境局局長黃錦星在其網誌寫道「落實上網電價是遲來的春天」、「當下亦是更臻雙贏的好時機」[80]。同年，政府宣佈要在 2050 年達至碳中和。香港現時的碳排放大約 67% 源自發電，能源轉型的壓力迫在眉睫，毫無疑問政府需要加大力度和速度去發展太陽能。2020 年公佈的《長遠減碳策略公眾參與報告》也提出，要在政府或政府資助的處所加快安裝分散式可再生能源設備、盡量將可再生能源應用於未盡其用的空間、鼓勵在不同水面（如水塘、海面）放置更大量浮動式太陽能板等建議[81]。而 2021 年的財政預算案亦預留十億元推行超過 80 個設置可再生能源設施的項目；其實自 2017-2018 財政年度起，財政司已預留 20 億元為政府建築物和社區設施設置可再生能源系統。

試想像香港 18 區都是一個太陽能投資市場，居民可以自行成立大大小小的太陽能社區發電「廠」，在小朋友遊樂的公園、街市大樓的天台、鄰近運動場的看台，甚或一些只有當區居民才知道的合適地方上安裝太

78　中電控股有限公司（2021）：《中電集團 2020 年全年業績摘要》，2021 年 2 月 22 日，https://bit.ly/2NJ1Gkq。瀏覽日期 2021 年 2 月 27 日。

79　余鎮濠（2018）：《選定地方的太陽能上網電價》，IN04/17-18，立法會祕書處資料研究組，2018 年 1 月 17 日，https://bit.ly/3dYpfOI。瀏覽日期 2021 年 2 月 27 日。

80　黃錦星（2020）：《太陽之下有新事》，香港特別行政區政府環境局，2020 年 1 月 21 日，http://bit.ly/3swAeVF。瀏覽日期 2021 年 2 月 27 日。

81　可持續發展委員會（2020）：《長遠減碳策略公眾參與報告》，https://bit.ly/3myybOw。瀏覽日期 2021 年 2 月 27 日。

陽能發電系統，讓居民成為它們的股東，在生活上「strong hold」太陽能。這做法既可「生電」又可「生財」，而且切切實實地以行動回應全球氣候變遷，一舉多得。

社區能源合作遍地開花

環看天下就知道我們不算是痴人說夢，這種以社區為本、全民參與的太陽能社區經濟模式正在遍地開花。台灣現時最大的全民電廠平台「陽光伏特家」提供了一個太陽能投資平台，市民可以在那裏購買太陽能板，由平台負責申請、營運，所產生的電力以固定價格賣給電力公司，讓市民可以穩定享有 20 年 6%-8% 的回報率[82]。全民電廠概念深受台灣市民歡迎，上網搶購全民電廠太陽能板做到「秒殺」程度，真是「一板」難求。台灣《財訊雙週刊》報導台電與民營太陽能電廠的裝置容量，在 2020 年10 月達到 5.2GW（10 億瓦），在夏季，太陽能發電量更已多次創下單日超越核二或核三廠的紀錄，佔總發電量的 10.6%，比核能的 7.8% 更高[83]。

南韓首爾市政府推出「太陽能發電市民基金」（Solar Power Generation Citizens' Fund），讓市民投資政府興建的大型太陽能發電裝置。首期82.5 億韓元的基金於五天內售罄，成功認購的 1,044 名市民在未來三年內平均每年保證可以獲得 4.18% 的回報[84]。

蘇格蘭愛丁堡的「愛丁堡社區太陽能合作社」讓五百多個當地及其他地區居民參與社區能源合作社，投資價值由最少 250 英鎊到最多100,000 英鎊，在當地的公共屋頂（例如學校屋頂、社區活動中心、休閒活動中心）安裝太陽能發電系統。社區電廠的產能將通過「上網電價」

82　陽光伏特家（202）：陽光伏特家網站，https://www.sunnyfounder.com/ 。瀏覽日期2021 年 2 月 27 日。

83　洪綾襄（2021）：《投資太陽能板穩賺 8%？網路平台高喊「保證獲利」投資人當心看得到未必吃得到！》，《財訊雙週刊》，2021 年 1 月 6 日，http://bit.ly/2ZYftpP。瀏覽日期 2021 年 2 月 27 日。

84　孫賢亮（2016）：《一位南韓 OPPA，一個自主社區，一場節能韓流》，《端傳媒》，2016 年 3 月 11 日，https://bit.ly/3uBCLzl 。瀏覽日期 2021 年 2 月 27 日。

出售，合作社成員最高可獲得 5% 的投資回報率[85]。

能源合作社模式、發行太陽能基金、由社區主動發起或者由地區政府主導等等，國際間的社區太陽能經濟模式五花八門。其實歐洲「能源城市協會」（Energy Cities）早於 2012 年已經提出《關於城鎮能源轉型的三十條建議》（30 Energy Cities' proposals for the energy transition of cities and towns），為歐盟各國提出能源轉型的實踐策略。當中的五大方向是：一、加強地方的行動力；二、了解區域資源及其流動狀況；三、重新反思財政問題；四、發明新地方治理；五、區域治理，減少能源消耗[86]，強調政府及社區之間的合作。在歐洲，由公民成立的再生能源合作社已經有 3,500 間；歐盟委員會估計，到 2030 年這些合作社將擁有歐盟 21% 的太陽能裝機容量[87]。有「太陽能之都」之稱的德國，到 2018 年底已設立 869 間能源合作社，再生能源的所有權有 47% 來自能源合作社。

「上網電價」在香港生效的同年，浸會大學以康樂園和錦繡花園的太陽能社區為案例，探討以社區參與建立可持續能源發展的未來模式，研究指出上網電價政策能激發社區居民對太陽能的關注和興趣[88]。香港大學社會科學院策動永續發展坊副總監羅惠儀博士曾經這樣分享過：「全民參與不只是提高綠能普及化的做法，亦可視為回應全球氣候變遷的重要在地行動……，以社區合作的形式走出可持續發展的道路。[89]」

尋找適合香港發展的社區經濟模式，是當下最重要的課題，而開放更多公共空間讓廣大市民參與其中，是課題的核心。2016 年立法會祕書

85 Community Power (2017): The benefits of community ownership of renewable energy, Friends of the Earth Europe, https://bit.ly/2ZSXe59, (accessed date: February 27, 2021).

86 歐洲能源城市協會（2014）：《關於城鎮能源轉型的三十條建議》，https://bit.ly/2O3u-qEf，(accessed date: February 27, 2021).

87 Paul Hockenos (2021): As Big Energy Gains, Can Europe's Community Renewables Compete?, Yale Environment 360, January 6, http://bit.ly/3q0XkST, (accessed date: February 27, 2021).

88 Mah Ngar Yin (2019): Engaging the Community to Develop a Model for Sustainable Energy Futures: A Case Study of Two Prospective Solar Communities in Hong Kong, 2017. A2.027.18B, Public Policy Research Funding Scheme, https://bit.ly/3qYSJlu, (accessed date: February 27, 2021).

89 明報（2017）：《未來城市：自己的電，自己生產，自己賣 上網電價 帶動綠色社區經濟》，2017 年 12 月 10 日，http://bit.ly/3bJOeVp。瀏覽日期 2021 年 2 月 27 日。

處發表《首爾及新加坡的太陽能發展》資訊述要,解釋近年兩地的太陽能光伏系統容量顯著增長的政策背景,共通之處正是釋出公共用地的龐大潛力[90]。作為這種潛力的最大「業主」,要創造改變,香港政府實在需要表現出承擔能力。

90　張志輝(2016):《首爾及新加坡的太陽能發展》,ISE24/15-16,立法會祕書處資訊服務部資料研究組,2016 年 7 月 13 日,https://bit.ly/3bH0lTb 。瀏覽日期 2021 年 2 月 27 日。

二
「清新空氣藍圖」遠離世情？

　　環境保護署助理署長何德賢在 2019 年初回顧 2018 年整體空氣質素情況時指出，自 2013 年政府推出「香港清新空氣藍圖」，過去五年一般空氣中的主要污染物，包括可吸入懸浮粒子（PM10）、微細懸浮粒子（PM2.5）、二氧化氮（NO_2）和二氧化硫（SO_2），濃度下降 28% 至 54%，而路邊同類污染物濃度也下降 32% 至 36%[1]。助理署長認為數字反映近年政府推行的減排措施見效。

香港指標的「水份」與犧牲

　　大家需要知道香港的「空氣質素指標」（AQOs）向來「水份」甚高。例如，2017 年思匯政策研究所和香港城市大學的研究發現，市民日常暴露於空氣污染物 PM2.5 的濃度，不論是室外或室內都高於政府空氣監測站錄得的數據[2]；何況，香港現時的空氣質數指標比世界衛生組織《空氣質素指引》（AQG）訂定得更寬鬆。究竟它在何種程度上能反映真實的空氣質素？在何種程度上低估了空氣污染給市民帶來的健康損害和經濟損失呢？

　　香港大學公共衛生學院的達理指數以 AQG 為標準，把一天當中五個污染物濃度（PM2.5、PM10、SO_2、NO_2 和臭氧）都符合 AQG 標準的日子列為「清新日」，並計算因空氣而造成與健康相關的整體社會成本。

1　香港特區政府新聞網（2019）：《本港空氣污染情況改善》，2019 年 1 月 11 日，https://bit.ly/3foiPta 。瀏覽日期：2020 年 11 月 20 日。

2　Ng, S., Ning, Z. (2017): Monitoring Personal Exposure to PM2.5 in Hong Kong with Next Generation Sensors, *Civic Exchange*, June 8, https://bit.ly/3fnAu43 (accessed date: November 20, 2020).

研究發現 2018 年全年只有 154 個清新日，即一年近六成的日子空氣質素不達標。事實上，這個研究結果只計算了 13 個市區天台監測站的數字，路邊監測站的情況並不包括在內。至於跟健康相關的社會成本更是嚇人：單是 2018 年上半年已有 867 人因為空氣污染而提前死亡，額外求診次數達 126 萬次，入院所需病床日數是 59,569 日，直接經濟損失高達 104 億港元 [3]。

削足就履的檢討

政府解釋，目前全球未有任何國家「完全」以 AQG 的標準作為其法定空氣質素標準，並三番四次強調改善空氣質素涉及複雜技術，需要相當時間才能完成；因此，政府會推出短期及中期措施，逐步達到 AQG 當中的「世衞中期目標」[4]

然而，從政府最新的空氣質素指標檢討建議上，要達到 AQG 當中的中期目標並非易事。自 2014 年收緊空氣質素指標以後，《空氣污染管制條例》規定環境局局長須最少每五年就空氣質素指標進行檢討。2018 年五年一檢的結果出爐，檢討建議指出只有兩項指標有改動的空間：其一是 SO_2，其 24 小時平均濃度標準由現時的每立方米 125 微克收緊至 50 微克，並維持目前容許超標次數為每年三次；其二是 PM2.5，「如」容許超標次數從目前的每年不多於 9 次放寬至不多於 35 次，空氣質素指標所訂的 24 小時平均濃度標準「可以」從現時的每立方米 75 微克收緊至 50 微克，年平均濃度標準則「可以」從每立方米 35 微克收緊至 25 微克 [5]。

檢討報告面世當下就引來多個環保團體及立法會議員譁然，質疑政

3　香港大學公共衞生學院（2020）:《達理指數》，https://bit.ly/3265uAj。瀏覽日期：2020 年 11 月 20 日。

4　香港特區政府新聞網（2019）:《立法會六題：空氣質素指標》，2019 年 1 月 30 日，https://bit.ly/3907P40。瀏覽日期：2020 年 11 月 20 日。

5　環境局、環境保護署（2019）:《立法會環境事務委員會空氣質素指標檢討》，立法會 CB(1)723/18-19(03) 號文件，2019 年 3 月 25 日，https://bit.ly/3lPu9Rt。瀏覽日期：2020 年 11 月 20 日。

府是次檢討和修訂並未有把市民的健康放於首位，反而處處以「可行性」先行。也有環保團體推算數年之後空氣污染物會高度集中在交椅洲海域，即「明日大嶼願景」的填海範圍，上述檢討是為了讓填海工程的環評報告容易過關，是成語「削足就履」的大嶼山版[6]。

國際標準遠超香港

PM2.5 一早被世衛界定為一級致癌物，對人類健康危害極大。2005 年世衛更新「空氣品質準則」之後[7]，多個國家根據各自環境空氣污染問題和社會經濟技術水平，對空氣品質標準進行修訂，加入對 PM2.5 的監測[8]。例如：

• 美國早於 2006 年已經將 PM2.5 的 24 小時平均濃度標準由每立方米 65 微克收緊至 35 微克，年平均濃度標準為每立方米 15 微克；2012 年根據醫學研究結果，進一步將年平均濃度標準從每立方米 15 微克降低至 12 微克，以保障公眾健康。

• 歐盟於 2008 年訂定 PM2.5 的年平均濃度標準為每立方米 25 微克，亦要求會員國於在 2010 至 2020 年間將濃度進一步降低 15% 至 20%，2020 年年平均濃度標準應為每立方米 20 微克。

• 日本於 2009 年把 PM2.5 的 24 小時平均濃度標準定為每立方米 35 微克，年平均濃度標準是每立方米不超過 15 微克；更有法律特別規定，當 PM2.5 濃度每立方米超過 70 微克，對人體健康構成威脅時，中小學要停課。

• 台灣於 2012 年修訂空氣品質標準，以健康影響為優先考量，加

---

6 龍子維（2019）：《空氣質素指標的龍門是如何飄移的》，立場新聞，2019 年 3 月 16 日，https://bit.ly/3kNvw1F 。瀏覽日期：2020 年 11 月 20 日。

7 世界衛生組織（2006）：《世衛組織關於顆粒物、臭氧、二氧化氮和二氧化硫的空氣品質準則（2005 年全球更新版）風險評估概要》，https://bit.ly/3mgKpLo 。瀏覽日期：2020 年 11 月 20 日。

8 關鍵評論（2014）：《國際管制 PM2.5 日趨嚴格，台灣呢？》，2014 年 6 月 9 日，https://bit.ly/3q6pXiC 。瀏覽日期：2020 年 11 月 20 日。

入對 PM2.5 的監測，24 小時平均濃度標準設定為每立方米 35 微克，年平均濃度標準為每立方米 15 微克。

當國際社會紛紛嚴格監控 PM2.5，對其濃度標準愈收愈緊之時，香港政府卻仍然我行我素 ——「如」容許超標次數放寬至不多於 35 次，「可以」收緊 PM2.5 的 24 小時平均濃度標準至每立方米 50 微克，年平均濃度標準收緊至 25 微克。但是，不先行放寬標準，哪來收緊的「可行性」？而且，「收緊」後的標準依然遠超上述例舉。

香港政府環保署努力打造一個蒙混過關的空氣質素指標，但國際性研究報告正告訴大家香港的空氣污染問題實在很嚴重。2019 年 3 月空氣監測公司 IQAir 發表的最新空氣質素報告透露，以 PM2.5 濃度去統計全球 73 個地方的空氣污染情況，香港空氣質素比鄰近的新加坡、台灣、日本等地都要差[9]。另一個權威性的國際資料 Berkeley Earth 亦顯示，香港 PM2.5 年平均濃度標準是世衞年平均濃度標準的三倍，遙遙領先其他國際城市[10]。

斷章取義的「藍圖」

再者，本地關注團體「健康空氣行動」分析 2016 至 2018 年的空氣污染數據，發現 PM10 和臭氧的濃度均有上升的趨勢[11]；當中臭氧濃度更創 20 年新高位，自 1999 年起增加超過五成；路邊監測站的數據更自 2013 年起大幅增加七成[12]。然而，政府卻以預期 PM10 和臭氧於 2025 年不能達標為理由，拒絕收緊這兩種污染物的空氣質素指標。

9　蘋果日報（2019）：《空氣污染報告出爐　香港全球排 34 冰島最乾淨》，2019 年 3 月 22 日，https://bit.ly/3mgLiUe 。瀏覽日期：2020 年 11 月 20 日。

10　Neo Kang Wei (2019): Hong Kong's Air Quality Might Not Be as Good as You Think, Smart Air, February 22, https://bit.ly/36lQzV0 (accessed date: November 20, 2020).

11　健康空氣行動（2019）：《2018 年空氣質素回顧 暨回應空氣質素指標檢討傳媒發佈會》，2019 年 1 月 17 日，https://bit.ly/3leXxiU 。瀏覽日期：2020 年 11 月 20 日。

12　張雅婷（2019）：《臭氧濃度創廿年新高　內地污染物跨境襲港　環保署料會再升》，《香港 01》，2019 年 1 月 11 日，https://bit.ly/2Jw04YY。瀏覽日期：2020 年 11 月 20 日。

面對質疑，環境局的劃一答案（例如 2019 年 1 月底回應立法會議員提問）是他們「是按世衞《指引》來檢討空氣質素指標，並且以科學為依歸，所採用的評估方法和結果都是經過空氣科學及健康專家的參與及深入討論而得出。[13]」其實只提空氣質素每年超標 35 次不是國際孤例，跟美國相近，卻不解釋為何監測標準遠低於國際同儕（例如 PM2.5 的年平均濃度標準是美國的兩倍以上）。如希望還香港一幅「清新空氣藍圖」的願景，香港政府仍需表現出更多的誠意與更大的決心。

13　香港特別行政區政府新聞公報（2019）：《立法會六題：空氣質素指標》，2019 年 1 月 30 日，https://bit.ly/3907P40 。瀏覽日期：2020 年 11 月 20 日。

三
水資源管理策略居安不思危？

新加坡對尋求供水獨立的堅持

　　水是人類生存的基本條件，供水也是城市生存和發展的最基本條件。新加坡（以及其他城市）對食水供應之事特別敏感——與香港同樣缺乏食水資源，新加坡需要長期依賴向外購買；在 2000 年前，它的食水供應主要來自馬來西亞柔佛州及本地收集的雨水。不過，新加坡政府早已意識到長期依賴單一供水來源是一大危機，過去多年致力令供水來源更為多元化，積極尋求水資源自主：在本地雨水方面，建有 17 個水庫，並擴大集水區範圍至全國三分之二的土地總面積；在新的供水來源方面，積極投資再造水和海水化淡項目；加上購自馬來西亞的食水，國家有「四個水龍頭」提供安全穩定的食水供應[1]。

　　根據新加坡國家水務機構的數據顯示，馬來西亞和本地儲水庫的供水量約佔食水供應的 45%、再造水和海水化淡各佔 30% 及 25%。新加坡與馬來西亞在 1961 年和 1962 年簽定的兩份供水協議將於 2061 年屆滿。按現時的技術發展，政府預計到 2060 年新生水和淡化海水兩項新水源可供水分別約佔 55% 及 25%[2]。如果今天馬來西亞斷水，對新加坡是會帶來一些麻煩，但新加坡政府有一個非常清晰的時間表以達至供水自給自足，不消半個世紀就不需要對供水者「掐頸就命」了。

1　立法會秘書處資訊服務部資料研究組（2016）:《新加坡水資源管理概況》，FSC19/15-16，https://bit.ly/2Gp6jfW。瀏覽日期：2020 年 11 月 2 日。

2　立法會秘書處資訊服務部資料研究組（2015）:《新加坡的海水化淡概況》，FS09/14-15，https://bit.ly/2HZfOm8。瀏覽日期：2020 年 11 月 2 日。

已故新加坡總理李光耀在 2008 年一個訪問中回顧：「宣佈獨立後的幾天，馬來西亞總理告訴英國高級專員，如果新加坡不聽我的話，我會關掉供水。當時我就知道必須降低對馬國的依賴。儘管那時我並不認為能做到完全獨立，而且就算只是減少依賴，仍會讓我們永遠淪為衛星國（是指一個在政治、經濟和軍事上都受外國很大影響及支配的獨立國家），但我們還是展開了尋求供水獨立的計劃[3]。」明知不可為而為之，因為這是關係生存的大事。

地理學的認識：國家會斷水嗎？

　　反觀香港，食水供應來源有七至八成來自東江，只有兩至三成來自本地的儲水庫。如果香港斷水，真的是天大的麻煩，但香港政府卻不見得看重這個水的危機。2015 年有報章提及香港供水來源單一的危機時，水務署的回應是：「香港和廣東省同為中國的一部分，並不存在中斷供水的風險。[4]」

　　然而風險不能說完全不存在。讓我們提供一個客觀的事實：中國內地其實一直嚴重缺水。

　　中國雖然佔有全球 6% 淡水資源，位列世界第六名，但中國同時佔有全球總人口 21% 以上，因此人均水資源只有 2,100 立方米／年，是全球 13 個人均水資源最貧乏的國家之一[5]。國際公認的水資源緊張警戒線為人均 1,700 立方米／年、短缺警戒線為人均 1,000 立方米／年、嚴重短缺為 500 立方米／年。根據 2017 年中國各省級行政區人均水資源數據顯示，有八個省份的人均水資源是低於 500 立方米／年，屬於「嚴重短缺」。當

3　GovSG (2017): The Singapore Water Story, https://bit.ly/35YNb0Q (accessed date: November 2, 2020).

4　黃文基（2015）：《明報 2015 年 5 月 3 日「星洲拓水源 污水變食水減依賴鄰國 再造水成本遠低東江水」文章一事》，水務署，2015 年 5 月 13 日，https://bit.ly/2JrQWo6。瀏覽日期：2020 年 11 月 2 日。

5　吳思敏（2011 年）：《一篇告訴你為何需要關注「水危機與水危機」的文章》，全球化監察，2011 年 10 月 9 日，https://bit.ly/3jPzdDA。瀏覽日期：2020 年 11 月 2 日。

中以首都北京、直轄市天津最嚴重，人均水資源分別只有 137.3 立方米 /
年及 83.5 立方米 / 年[6]。

　　再說東江。雖然中國 80% 水源集中在南方，但南方近年亦深受全
球暖化及極端天氣的影響，降雨量不斷下降。根據廣東省政府水利廳水
資源數字顯示，1956 年至 2005 年東江水平均流量為 331 億立方米，但
在 2001 年至 2010 年間跌至 231 億立方米，降幅近 30%[7]。因此，廣東省水
利廳早於 2008 年制定《廣東省東江流域水資源分配方案》，定出東江最
大年取水量為 106.64 億立方米，分別配給惠州、東莞、河源、深圳、廣
州、韶關和香港八個城市[8]，十多年前已經初步出現水源緊張的問題。

　　於是，依賴東江供水的多個城市早已開始投入巨資尋找新的水源，
例如深圳的「西水東調」工程、惠州致力改善淡水河污染問題、東莞嘗
試提高水庫的利用率及從區外調水等措施，希望減少對東江的依賴[9]。

香港水資源管理策略的不足

　　當國家缺水時，香港還可以置身事外嗎？

　　根據 2008 年水務署公佈的《全面水資源管理策略》（下稱《策略》），
其主要內容是用水需求管理及供水管理，當中重點是「先節後增」，強調
節約用水，以控制用水需求增長[10]。《策略》的重中之重是要節約用水，但
多年下來香港仍然是全球人均用水量最高的地方之一，水務署工作的成
效可見一斑。對於新水源的開拓，卻一直停留在紙上談兵的階段，完全

6　　中國統計年監（2018）：《水資源情況》，https://bit.ly/2JkXWD2。瀏覽日期：2020 年
　　　11 月 2 日。

7　　周嘉俊、李耀宗（2018）：《【食水自主】東江水量未來 50 年減 24%　強化供水自主刻
　　　不容緩》，《香港 01》，2018 年 6 月 28 日，https://bit.ly/3oTPr20。瀏覽日期：2020
　　　年 11 月 2 日。

8　　立法會祕書處資訊服務部資料研究組（2017）：《東江—深圳供水系統》，2017 年 4 月
　　　3 日，https://bit.ly/3ep27cE。瀏覽日期：2020 年 11 月 2 日。

9　　李家翹（2011）：《再思香港供水的未來》，港文集，2011 年 10 月 22 日，https://bit.
　　　ly/3oSxElv。瀏覽日期：2020 年 11 月 2 日。

10　水務署（2008）：《全面水資源管理策略》，https://bit.ly/3jTTVlH。瀏覽日期：2020 年
　　　11 月 2 日。

沒有提及實際計劃及目標。

2016 年 4 月 17 日時任發展局局長陳茂波曾在其網誌檢討水資源管理策略:「在供水方面,我們一直積極在雨水、東江水和海水沖廁以外,開拓新的供水水源,包括海水化淡、再造水及重用洗盥水 / 集蓄雨水。我們在 2014 年已就《策略》展開檢討,包括評估本港現時至 2040 年的長遠用水需求及供應,並希望就上述六項供水水源訂出合理比例,令我們能更妥善應對氣候變化帶來的各種挑戰。[11]」那時我們還是對政府抱有期望,希望新的《策略》會為香港水資源管理提出新的政策方向。

花了五年時間檢討、制訂的新《策略》終於在 2019 年 8 月 30 日出爐。當中有關未來的食水資源組成內容是:(一)東江水供應(視乎本地集水量,約佔 60% 至 80%);(二)本地集水(約佔 15%-35%);(三)海水化淡(約佔 5%)[12]。說好的六項供水水源比例,完全沒有提及。供水來源唯一的轉變是加入海水化淡。這項計劃早在 2011-2012 年施政報告提出、2013 年通過立法會,原本計劃第一階段工程可於 2020 年投入服務,但不知何時已經改為於 2023 年才啟用將軍澳海水化淡廠。

海水化淡廠啟用之後,供水量其實只佔全港用水量的 5%。2018 年 6 月 27 日立法會會議上,議員向政府提出應加快海水化淡廠的興建進度,並且將供水量增至 30%。然而發展局局長黃偉綸指政府沒有計劃再加快、再繼續增加海水化淡廠的供水量,研究發展海水化淡廠第二階段工程的時間表更是遙遙無期[13]。更有專家(例如香港大學的李煜紹博士)批評今天特區政府的海水化淡廠只是又一項大白象工程[14],與當年港英政府興建海水化淡廠以求達至供水自給自足的目標已經不一樣,最終可能連這 5% 的淡水

11　陳茂波(2018):《全面水資源管理策略檢討》,https://bit.ly/362egQK。瀏覽日期:2020 年 11 月 2 日。

12　水務署(2019):《全面水資源管理策略 2019》,https://bit.ly/2TRc9ti。瀏覽日期:2020 年 11 月 2 日。

13　立法會(2018):《會議過程正式紀錄》,2018 年 6 月 27 日,https://bit.ly/323HGg7。瀏覽日期:2020 年 11 月 2 日。

14　柯詠敏(2017):《【飲水思源】11 年來浪費 14 億水　香港人如何「食水深」?》,《香港 01》,2017 年 8 月 31 日,https://bit.ly/387moCq。瀏覽日期:2020 年 11 月 2 日。

也不會使用，東江水可能依然是香港人唯一的依賴。

　　供水來源多元化事關城市最基本的生存能力，而供水和水資源管理是一項長遠政策，每項措施的成敗動輒要看十年功夫。作為主要負責香港水資源管理的部門，發展局着實不應該輕視國家缺水的危機、無意為減輕東江供水壓力出一分力、無心為香港人提供多一個供水選擇，交出一份如此短視的「策略」。要尋求發展一個具彈性和可持續性的未來水資源管理體系，環保智庫提議的方向值得進一步探討：採用循環供水系統，最大限度地回收、處理和再利用每年產生的十億立方米廢水；除了大力發展本地產能外，也應該將收集雨水的建設擴大分散至全港各區。[15] 事實上早在 2015 年，台灣立法院已經通過《再生水資源發展條例》，預計到 2031 年開發再生水可達公共供水系統供水量的 10%。

15　思匯政策研究所（2017）:《水沛蜃樓：關注香港水資源安全，推動區域水資源共享》，https://www.admcf.org/wp-content/uploads/2017/05/Illusion-of-Plen-ty-Hong-Kong-Water-Security-Executive-Summary-Chi.pdf，瀏覽日期：2021 年 5 月 1 日。

四
就讓這個璀璨都市光輝到此：向「光暴力」説不

　　新冠肺炎為香港旅遊業帶來前所未有的打擊，説是進入了「冰河時期」。立法會議員馬逢國表示：「自 SARS 後，香港的旅遊業發展受惠於自由行政策，旅客數目曾急速膨脹，但只是一種粗放式的增長。」[1] 粗放式增長就是投入大量資金、勞動力和資源去提升生產值、速度及規模，卻不重視效益，於是往往造成「高投入、高消耗、高污染、低效益」的局面。香港政府多年來沒有認真反思旅遊業的可持續性發展，環境也因此負上沉重代價。

愈光亮愈繁榮還是愈病態？

　　光污染就是苦主之一。當年 SARS 後為了重建這「亞洲區內首屈一指的旅遊勝地」，2003 年 8 月香港旅遊發展局把整個月定為「好客月」，「香江明珠鐳射匯演」是為第一項推動「亞洲盛事之都」的大型活動[2]。翌年，「幻彩詠香江」燈光匯演成為定期表演，五光十色的人造光年中無休地在維港夜空上演。環保團體稱之為「光害之亂」，政府卻認為這是國際大都會象徵。「自 2004 年以來，『幻彩詠香江』多媒體匯演點亮香港的夜空，為數百萬的遊客帶來歡樂。它也成為香港的標誌，象徵這國際大都會的萬千活力和多姿多采的文化。」旅遊事務署網頁如是説[3]。

1　馬逢國（2017）：《立法會議員議案：充分發揮本地旅遊資源的優勢》，https://bit.ly/3en5y3k。瀏覽日期：2020 年 11 月 4 日。

2　香港特別行政區政府新聞公報（2003）：《政務司司長致辭全文》，2003 年 8 月 17 日，https://bit.ly/328Woma。瀏覽日期：2020 年 11 月 4 日。

3　旅遊事務署（2020）：《幻彩詠香江匯演詳情》https://bit.ly/3kVOsvP。瀏覽日期：2020 年 11 月 4 日。

　　這個國際大都會卻也是全球光污染問題最嚴重的城市之一。香港政府曾就光污染問題在 2011 年成立「戶外燈光專責小組」，2013 年進行公眾諮詢，2016 年最終推出自願性的《戶外燈光約章》。其實，2009 年地球之友已經推出《夠照·熄燈》民間版約章，多年光陰等到的卻是自願性約章。

　　說到底，「東方之珠」不可以不璀璨？光污染問題嚴重，卻往往為人忽視，因為很多人迷信愈光輝代表愈繁榮、愈安全。《法式韻味》作者 Joan DeJean 在書中有提及被稱為「光之城－La Ville-Lumière」的巴黎，早於 1504 年最高法院要求凡是面向街道的窗戶都必須在 9 點後點上一支蠟燭。當時大眾普遍認為夜晚出現在街道上的都是與非法行為有關，或者擔心安全問題，因此普通市民晚上外出，就必須打燈籠或帶照明火把；9 點之後，任何不帶燈籠出門的人都會被當場拘捕。路易十四統治期間，更決心要巴黎不分白晝黑夜都要明亮起來，讓白天的生活方式延伸到夜晚。就這樣，夜裏的街道變得繁忙、經商者的活動也變得自由 [4]。

　　「光」代表繁榮進步、令人更感安全，已經是很落伍的想法吧？物極必反，過光過亮卻對人類、環境帶來嚴重影響，這些年來大量研究指出光污染不只吞噬黑夜星空，同時也嚴重破壞生態平衡，誤導雀鳥及海洋生物的導航能力，更直接影響人體的生理時鐘，增加患上癌症、糖尿病和抑鬱症的風險，甚或令病菌更容易傳播。時移勢易，路易十四已經是 300 年前的人物，今時今日國際社會更重視光污染問題，很多發達國家和城市都紛紛立法管制光污染。

中外立法管制的努力

　　2002 年捷克成為第一個就光污染問題立法的國家，規定戶外的固定燈光一定要被遮擋，讓它們只照亮一塊固定區域，不能射向水平方向。

4　瓊安·德尚（2014）：《法式韻味：時尚美饌、生活品味、優雅世故，路易十四送給世界的禮物》，台灣：八旗文化。

巴黎這「光之城」成名最早，也最早出現光污染問題[5]。在《光明的追求》一書中，作者記錄一則有趣的小故事：1888 年法國已經使用煤氣燈，對色彩特別敏感的油畫大師梵谷有一次寫信給弟弟西奧時提到，大量黃色和橙色的煤氣燈增強了小鎮夜空的藍色，使天空看起來更黑。作者相信那可能是霞光，是光污染的一種[6]。法國政府老早也就光污染問題想方設法，2013 年開始強制要求建築物外牆和商店內部及外置的燈光需於午夜1 時至早上 7 時關閉，辦公樓宇亦需於最後一名在室內工作人士離開後一小時內完全關閉室內燈光，違例者有可能會被罰款 750 歐元，重犯者更可能被停止供電[7]。

　　在亞洲，南韓對光污染的法例最為嚴厲，強制管理街道照明、裝飾照明、廣告照明和數位多媒體招牌的光亮度，設置廣告照明前須考量地區特性，禁止調校至可能對其他建築物產生光污染的方向，亮度超標最高罰 1,000 萬韓元[8]。

　　我們對光污染的覺醒也比不上內地。早於 2005 年在「城市亮化與光污染」研討會上，南京市東南大學光電子學教授胡正榮就促請大家反思城市在夜間為何要亮化這問題，特別是全球各大都市都在放棄「不夜城」理念和反思「光污染」危害，「城市亮化」更應慎之又慎[9]。上海是第一個就光污染立法的內地城市，綠化和市容管理局《關於加強本市景觀燈光設施建設、維護管理的意見》規定：「規範景觀燈光設置在本市建築物、構築物、綠化和其他載體上設置景觀燈光設施的，應當符合《燈光規劃》、區域佈局方案和技術規範的要求。同時，設置景觀燈光設施，

5　International Dark-Sky Association (2002): New Czech Republic national law prohibits light pollution, SpaceRef, March 18, https://bit.ly/3oRszAm (accessed date: November 4, 2020)

6　珍・布羅克斯（2020）：《光明的追求：從獸脂、蠟燭、鯨油、煤氣到輸電網，點亮第一盞燈到人類輝煌文明的萬年演進史》，台北：臉譜出版社。

7　Saga, A., (2013): Put that light out! France orders cities to go dark at night, The Times, July 31, https://bit.ly/2I5xsFt (accessed date: November 4, 2020).

8　沈帥青（2019）：《自願熄燈成效低　減光污染須立法》，《香港經濟日報》，2019 年 11 月 19 日，https://bit.ly/3I0F9eg。瀏覽日期：2020 年 11 月 4 日。

9　揚子晚報（2005）：《全世界都在拋棄「不夜城」》，新浪網，2005 年 3 月 30 日，https://bit.ly/3lYWh4t。瀏覽日期：2020 年 11 月 4 日。

禁止產生下列情形：造成嚴重光污染，影響居民正常生活、交通安全、公共安全……」。法例訂明如果戶外燈光裝置「影響附近居民的正常生活」，當局有權消除滋擾[10]。廣州市的《廣州市光輻射環境管理規定》規定住宅樓宇 100 米範圍內禁止設玻璃幕墙，晚上 10 點半後廣告 LED 禁止開啟，廣場夜景不得採用彩色光照明，等等[11]。天津市制定《海河夜景燈光設施管理辦法》，其中在規定燈光完好率、開啟率的同時，還明確規定燈光設施要定期調整投光角度，不可造成光污染[12]。

香港的暴力式城市照明

台灣成功大學建築學教授林憲德説得好：「唯有暴發戶的經濟成就、膚淺的城市美學，才會以燈紅酒綠、酒國賭城式的浮華品味沾沾自喜。一些小市民在『暴力式城市照明』之下，當回家休息睡覺時卻輾轉難眠，不但長期焦慮，還引發幻聽幻覺，這種光亮，真的不要也罷。[13]」香港政府卻打着「促進旅遊業」的旗號明目張膽地縱容「光暴力」，告訴我們有 78% 市民認為戶外燈光有助美化環境、87% 市民認為戶外燈光裝置有助提供安全環境減少罪案、超過 90% 遊客認為戶外燈光有助促進旅遊業……[14]。政府又告訴我們現行已有《戶外燈光約章》平衡各種燈光接收者的需要，有 5,000 個參與單位，99% 參與單位有根據約章建議按時熄

10　上海市綠化和市容管理（2011）：《關於加強本市景觀燈光設施建設、維護管理的意見》，https://bit.ly/2HVxAr8。瀏覽日期：2020 年 11 月 4 日。

11　南方都市報（2014）：《廣州擬規定住宅周邊百米內禁設朝住宅玻璃幕牆》，新浪網，2014 年 11 月 18 日，https://bit.ly/365hJhF。瀏覽日期：2020 年 11 月 4 日。

12　天津市城市管理委員會（2014）：《海河夜景燈光設施管理辦法》，https://bit.ly/36588am。瀏覽日期：2020 年 11 月 4 日。

13　林憲德（2008）：《在城市光廊的背後》，《中國時報》，2008 年 9 月 4 日，https://bit.ly/32sjFQr。瀏覽日期：2020 年 11 月 4 日。

14　環境局（2011）：《香港的戶外燈光裝置》，立法會環境事務委員會討論文件，CB(1)1673/10-11(03)，https://bit.ly/3jX0rlu。瀏覽日期：2020 年 11 月 4 日。

燈[15]，光污染問題處理在進行中。

但是，這 5,000 個參與單位中包括中學、小學、不同種類的非政府組織和環保團體，他們本來就是沒大型戶外燈具的機構。環保團體「綠惜地球」2018 年進行實地考查卻發現，港島維港沿岸地標建築於午夜 12 時的熄燈率僅 78%。不少光污染戶沒響應約章建議，例如旺角家樂坊的 H&M 分店雖然已簽署約章，但午夜後舖內依然燈火通明。自 2016 年推出《戶外燈光約章》後，光污染投訴沒有下跌，更大幅增加超過四成[16]。

港府多年來以一個「五光十色」的形象包裝香港旅遊業，但真的應該好好檢討用燈是否合理，不能一句「影響『東方之珠』的美譽」就把責任推得一乾二淨。如此懶惰的心態當然看不到世界旅遊的風向已經慢慢轉變，也不會留意鄰近的台灣合歡山繼南韓永陽螢火蟲保護區和日本西表石垣國家公園後成為亞洲第三的「暗空公園」。是啊，星空是可以成為旅遊熱點的。「合歡山國際暗空公園」背後推手林正修說，「星空旅遊」引領南投走出樽頸，帶來觀光業一大轉機。觀星的客人不只會過夜，還會停留三至五天，這讓酒店旅館閒日也可以做到八成的入住率[17]。美國土桑的觀星經濟更高達 2.5 億美元[18]。其實早在十多年前香港天文學界已經討論於西貢設立天文公園，由太空館負責管理；香港大學物理系學者潘振聲也認為香港在思考如何改革旅遊業時，星空保育應該是備受考慮的發展方向之一[19]。這些良方，似乎卻被商務及經濟發展局拋諸腦後。

保護黑夜是保護生態環境的一部分，早在 1988 年國際社會已經開

15　梁志傑（2019）：《戶外燈光滋擾的規管措施》，香港特別行政區立法會祕書處資訊服務部資料研究組，ISE08/18-19，https://bit.ly/3oU18WD。瀏覽日期：2020 年 11 月 4 日。

16　綠色地球（2019）：《有效管制光污染　強制熄燈　控制 LED　缺一不可》，https://bit.ly/2I67rpi。瀏覽日期：2020 年 11 月 4 日。

17　MOT TIMES 明日誌（2020）：《合歡山暗空公園變夜市　專訪公園推手：過亮跟過勞，其實很有關》，《商週》，2020 年 7 月 20 日，https://bit.ly/35Vbxsg。瀏覽日期：2020 年 11 月 4 日。

18　陳文姿（2018）：《從土桑到合歡山　抑制光害找回「暗空」兼顧觀星經濟》，環境資訊中心，2018 年 12 月 20 日，https://bit.ly/32c4b2H。瀏覽日期：2020 年 11 月 4 日。

19　羅保熙（2020）：《保育星空不應磋跎歲月　仿韓日台建「暗空公園」》，《香港 01》，2020 年 3 月 4 日，https://bit.ly/3mREvAh。瀏覽日期：2020 年 11 月 4 日。

始關注光污染問題及夜間環境保護的議題，國際暗天協會（International Dark-Sky Association, IDA）應運而生，致力推動城市建設暗空公園、暗空社區和暗空保護區。IDA 政策總監 John Barentine 說「我們推廣的是黑暗的天空，不是黑暗的地面。[20]」

　　同樣，我們追求的不是把燈光全部熄滅，而是用得合理。其實連「幻彩詠香江」的設計總監 Simon McCartney 也批評香港人用燈毫無章法、誇張、荒謬、氾濫，把光污染視為無物，更指出香港戶外的燈有四至五成光度完全錯失目標，沒照到招牌上面而是射到半空亂竄[21]。把環保「妖魔化」、把環保與發展置於對立位置，實在自欺欺人。

　　《戶外燈光約章》於 2020 年完成檢討報告，香港旅遊業亦需要痛定思痛思考重生大計，我們可以對未來有更多合理期望嗎？希望這璀璨都市的「光輝」到此，還黑夜於民，讓香港市民可也可以「臥看牽牛織女星」。

20　同 17。
21　地球之友（2009）：《日照・夜照》，香港：See Network Limited。

五
從「氣候罷課」到氣候變化教育

氣候罷課行動也為生存和安全

氣候變遷已經是看得見的威脅，不只是發生在遙不可及的北極，更是發生在你我生活的社區當中。2019 年 11 月超過一萬位氣候科學家簽署聯合聲明，宣佈地球進入「氣候緊急狀態」。當「氣候變遷」(Climate change) 已經變為「氣候緊急狀態」(Climate emergency)，當「全球暖化」(Global warming) 進化成「全球熱化」(Global heating)，港府仍然無動於衷，應對氣候變化的政策被形容為「近乎於無」，而無為的後果會讓無話語權的年輕一代承受。

2020 年 1 月思匯政策研究所發表市民對全球氣候變化的認知和態度的民意調查結果，發現 84% 的受訪者認為氣候變化的影響將對下一代的衝擊更大[1]。科學期刊《自然》發表的研究亦顯示，如果氣候變化的政策維持現狀，會導致全球經濟生產總值損失 30%；如採取更為進取的行動減輕氣候變化，造成的經濟生產損失不到 0.1%。研究員指出：「我們每天的拖延，令減排變得更極端、更困難、更昂貴。」

不少人說，這一代年輕人是後物質主義新世代，環境保護就是後物質主義價值之一。成年人認為他們只關心北極熊快要餓死、可憐海龜肚內充滿塑膠、心痛樹熊被山火燒傷⋯⋯，一味追求浪漫。不過，環境保護對於這一代年輕人而言更像求生技能。他們訴求的不只是拯救動物、雨林，更是要拯救自己，抵抗物種滅絕的危機。氣候變遷使他們生存受到威脅，若以馬斯洛（Abraham Maslow）的需求層序理論來說，年輕人

1　思匯政策研究、香港民意研究所（2020）：《市民對氣候變化的態度研究》，https://bit.ly/2TsDLVF。瀏覽日期：2020 年 5 月 21 日

環保政策與綠色生活：國際視野下的香港

追求的只是最低層的生存和安全需求而已。

　　物質主義、後物質主義都讓年輕人為氣候變遷行動起來。2018 年 16 歲的瑞典少女通貝利（Greta Thunberg）獨自一人發起每個星期五的罷課行動（「未來星期五」，"Fridays For Future"），引起全球青年響應。2019 年分別在 3 月、5 月和 9 月進行了三次全球氣候變遷罷課行動，呼籲各國政府正視氣候變遷問題；全球七大洲 185 個國家及地區當中，超過 760 萬人參與氣候罷課行動，成為史上動員最多人參與的國際氣候行動[2]。

教育有走在環境改變之先嗎？

　　我們不妨假設「其他方式」是指教育工作。是的，教育對環境保護很重要。有「中國環保之父」之稱的曲格平教授指出：「環境保護靠宣傳教育起家，也要靠宣傳教育發展。」可惜在香港，環境教育一直處於可有可無的狀態。《學校環境教育指引》在 1992 年推出，1999 年經歷修訂後便再沒有更新。雖然 2002 年課程發展處推動的「可持續發展教育」或可算是以「環境教育」為基礎，但不論是「可持續發展教育」或是「環境教育」，都不是公開考試的科目，也不會影響你的升學就業，在出名偏重成績、競爭風氣嚴重的香港教育制度之下，環境教育一直不受重視。

　　早於 2013 年，浸大嘉漢林業珠三角環境應用研究中心黃觀貴教授便在「香港中學生對全球氣候變化及低碳生活的觀感調查」結果發佈時，建議政府應檢討及更新《學校環境教育指引》，認為跟氣候變化相關的議題分散在不同學科，未能對問題作深入討論，內容欠缺連貫性；更建議把「氣候變化教育」納入可持續發展教育主題中最優先的教育計劃之一[3]。研究做了、建議提了，可惜改變仍然未有出現。

2　Laville, S., & Watts, J., (2019): Across the globe, millions join biggest climate protest ever, *The Guardian*, September 21, https://bit.ly/2HG8z2V (accessed date: May 20, 2020).

3　BUnews (2013): HKBU study finds that secondary students worry about the impacts of climate change but lack engagement in low-carbon living, February 5, https://bit.ly/2Hz7j18 (accessed date: May 20, 2020).

台灣學者晏涵文談到教育改革及環境教育時說得很有睿識：「從生態學的觀點來看……教育應走在社會環境改變之先，但若教育反落在社會改變之後，或教育不能帶動社會改變，即學校已成為病態社會的縮影時，教育就變成過街老鼠，人人喊打、要求改變了。」[4]

學生本應無憂無慮地學習，不須為氣候變遷問題走上街頭。但事出必有因，政府有聆聽年輕人的心聲嗎？抑或如澳洲教育部長特漢所言，學生都是被關注環保議題的政客煽動？Greta Thunberg 回應對罷課的質疑時辯解：「大人稱我們是不會思考的木偶，想藉此轉移焦點並改變主題，他們不敢談論，是知道自己沒有完成該做的事，因此無法贏得這場氣候變遷戰爭。我們不是為了自己的未來而奮鬥，是為所有人的未來正在奮鬥。」[5] 她的壯舉令她獲選為 2019 年《時代》年度風雲人物，是該評選舉辦 92 年以來最年輕的獲獎人。

全球多個國家／地區的教育部門都開始正視這場由年輕人發起的氣候罷課行動。在紐約有多達 30 萬的學生、家長及環保人士參加，紐約市教育局亦允許學生缺課去參加抗議活動；更有百名醫療人員以氣候危機為「健康危機」，為學生開出「病假紙」[6]。多倫多公校教育局亦表示了解年輕人對於全球可持續發展有重要的角色，儘管不是公校教育局的認可活動，但也尊重學生的聲音，支持罷課行動[7]；公校教育局亦下令各校要避免在罷課當日安排考試、測驗。而蘇格蘭的格拉斯哥、愛丁堡、高地和法夫四大城市的議會亦發表聲明，允許學生參與罷課行動[8]。

聯合國祕書長古特雷斯於 2019 年 9 月首次召開青年氣候峰會及氣候

4　晏涵文（2001）：《教育改革與環境教育》，《環境教育課程設計》，台北，台灣：師大書苑。

5　Thunberg, G., (2019): Speech on the EESC event "Civil Society for rEUnaissance", *European Economic and Social Committee,* https://bit.ly/34vufap (accessed date: May 20, 2020).

6　Barnard, A., (2019): 1.1 Million Can Skip School for Climate Protest, *The New York Times,* September 16, https://nyti.ms/2HBEOA8 (accessed date: May 20, 2020).

7　CBC News (2019): Toronto climate strike expected to draw thousands to Queen's Park Social Sharing, *CBC News,* September 26, https://bit.ly/34x2JcT (accessed date: May 20, 2020).

8　Mark McLaughlin (2019): Councils give pupils Friday off to join climate change protests, *The Times,* March 11, https://bit.ly/3mtxJke (accessed date: May 20, 2020).

行動峰會，邀請 500 名年輕環保倡議人士與多國企業家對話，共同探討應對策略。古特雷斯更呼籲年輕人持續施壓，讓他們的世代負起責任。

開放式和行動型的環境課

已故南非總統曼德拉曾經說過：「我們決不能忘記保護環境是我們的責任。」（We must never forget that it is our duty to protect this environment）我們的政府可能忘記了這責任？發起罷課的學生指港府應對氣候變化問題的政策不足，是導致他們行動的主因之一。

在這資訊爆炸的世代，學生自學能力遠超我們所想。發起活動的學生自行閱讀《香港氣候行動藍圖 2030+》，並對藍圖內容進行分析，指出政策對解決現時全球暖化問題的不足，繼而以行動向政府表達改善環境的訴求，並提出建議書讓政府參考[9]。學生不只有批判思考的能力，更有行動力，這正是環境教育的核心內容之一。

聯合國教科文組織在《全球教育監測》重申教育在提高氣候變化意識、適應能力和減輕對災害的脆弱性方面可以發揮關鍵作用，並在《行動起來：開展氣候變化教育實踐制定》報告中提出五項建議給決策者推動氣候變化教育，當中第一項就是要政府將氣候變化教育納入不同類型的教育和所有級別的課程中[10]。2020 年港府已經作出 2050 年碳中和的承諾，而氣候變化教育作為應對氣候變化的關鍵策略，教育局自當積極配合，盡快跟上國際步伐，完善氣候變化教育課程。

9　綠色和平（2019）：《青少年氣候行動勢成氣候》，2019 年 3 月 19 日，https://bit.ly/2TsmKed。瀏覽日期 2020 年 5 月 21 日。

10　UNESCO. (2015): Not just hot air: Putting climate change education into practice. https://www.uncclearn.org/wp-content/uploads/library/unesco01_0.pdf. 瀏覽日期：2021 年 4 月 24 日。

乙 香港超載：廢物何去何從？

有人類活動的地方就有垃圾。垃圾處理不當會污染水源、土壤、空氣，一步一步破壞我們的生存環境，甚至引起公共衛生危機，危害人類的健康。

香港人口稠密，經濟活動頻繁，每日製造大量垃圾，都市廢物棄置量年創新高，減廢政策的「火車頭」遲遲未能開出，內地及其他國家卻紛紛向「洋垃圾」說不。內外交困下，香港廢物何去何從？政府可以帶領香港走出「垃圾圍城」危機嗎？

一

垃圾收費：為什麼 15 年來皆師老無功？

　　香港立法會《2018 年廢物處置（都市固體廢物收費）（修訂）條例草案》委員會於 2019 年 1 月 7 日舉行公聽會，此前一天民建聯聯同新界社團聯會到政府總部抗議環境局在「建築廢物處置收費計劃」和「四電一腦」回收計劃上未有做好配套設施、執行乏力，使非法棄置問題嚴重[1]，「垃圾圍城」之説人心惶惶，他們未必會讓垃圾收費之案過關，令關心議案的環保人士冷汗直流。回想這計劃早在 2005 年已經首度提上政策議程，當時民建聯曾就此公佈民調，透露近六成人同意繳交垃圾費以減少棄置廢物量[2]。滄海桑田，大家應該如何反思這舉步維艱的 15 年？

政府態度進一步退兩步

　　董建華年代的環境運輸及工務局局長廖秀冬發表《都市固體廢物管理政策大綱（2005-2014）》，建議以「廢物收費」、「生產者責任計劃」及「堆填區棄置禁令」為政策工具，希望在 2007 年立法推行廢物收費，實踐污染者自付原則，加強市民回收行為，減少棄置廢物量[3]。政策大綱發表後隨即推行為期三個月的試驗計劃，邀請 20 個屋苑參與，最終因試驗「成效欠佳」而被叫暫停。

　　廖秀冬出師未捷，繼任的環境局局長邱騰華沒有接棒而是倒行逆施，認為在解決都市固體廢物問題上沒有迫切性要實行廢物收費，主張

1　文森（2019）：《舊電器隨街棄　新社聯促檢視政策》，《文匯報》，2019 年 1 月 8 日，https://bit.ly/2TUPDQB。瀏覽日期：2020 年 11 月 6 日。

2　大公報（2005）：《半數市民接受垃圾徵費》，2005 年 12 月 12 日，A11 頁。

3　香港政府新聞網（2005）：《廢物收費草案 07 年呈立法會》，2005 年 12 月 15 日，https://bit.ly/32hWTuu。瀏覽日期：2020 年 11 月 6 日。

擴建堆填區和興建焚化爐。「都市固體廢物收費計劃」諮詢文件是在自己任期最後半年才提出，列舉四種收費模式諮詢公眾。當時中文大學香港亞太研究所的調查顯示，也是有近六成受訪市民贊成引入垃圾收費以減廢[4]。

梁振英年代的黃錦星，履新環境局局長即發表規劃十年減廢雄心的《香港資源循環藍圖（2013-2022）》，將廢物收費立法一事列在 2013-2015 年的行動時間表內[5]。結果是整個五年任期內都一籌莫展，在環保團體一片「遲來 13 年的希望」的唏噓聲中，草案在 2018 年年底終於交上立法會審議。中大亞太所在草案提交後的調查發現，依然有高達 56% 受訪者贊成通過收費議案[6]。結果，立法會的相關條例草案委員會在召開 16 次會議後於 2020 年 6 月 22 日宣佈通過終止審議工作，政策落實無期。

政府執行力可靠嗎？

拖拉了 15 年的垃圾收費議案，試驗計劃也反覆進行了不下三次，社會主流民意支持，非建制派議員傾向支持落實計劃，建制派原則上同意「污者自付」、「按袋按量」的徵費模式，為什麼對議案得以通過與否還是落得「極大保留」的恐慌？可能與對政府的執行力缺乏信心有關[7]。上面提過民建聯的憂慮；非建制派議員也力促政府必須提出和承諾落實一套全面的廢物分類和回收計劃，特別是落實由政府提供全港免費可循環再造廢物和廚餘收集服務[8]。都市固體廢物中的最大來源是廚餘，2017 年香

4 香港中文大學香港亞太研究所（2013）：《五成半市民贊成廢物徵費 唯對減廢效果抱觀望態度》，2013 年 10 月 30 日，https://bit.ly/3evcl5K。瀏覽日期：2020 年 11 月 6 日。

5 環境局（2013）：《香港資源循環藍圖（2013-2022）》，https://bit.ly/2HZO0Pf。瀏覽日期：2020 年 11 月 6 日。

6 香港中文大學香港亞太研究所（2018）：《五成半市民贊成通過垃圾徵費法例》，2018 年 12 月 3 日，https://bit.ly/2TVHlm3。瀏覽日期：2020 年 11 月 6 日。

7 星島日報（2018）：《垃圾徵費 民建聯預告「強攻」》，2018 年 12 月 4 日，https://bit.ly/368BFAb。瀏覽日期：2020 年 11 月 6 日。

8 公民黨（2019）：《公民黨就〈都市固體廢物收費草案〉意見書》，立法會 CB(1)427/18-19(04) 號文件，https://bit.ly/2l8vvro。瀏覽日期：2020 年 11 月 6 日。

港每日棄置 3,662 公噸廚餘，佔都市固體廢物 34%，而家居廚餘佔全部廚餘 65%[9]。然而，免費家居收集廚餘服務最早卻要在 2022 才能落實，市民減廢無從，只能付費把廚餘送到堆填區[10]。

大家都知道垃圾收費並不是什麼破格的新政策，亞洲就有分別在 24 年前和 19 年前實施的南韓和台北，環境局在推銷政策時也一再引用這些成功先例，而它們當年在推動政策時就要面對回收設施不足的挑戰。然而，到了 2019 年香港依然深受相同問題困擾、後腿被拖，黃局長甚至反過來表示希望垃圾收費是「火車頭」，帶動其他回收配套加速發展。政府缺乏足夠的環保視野，難免令市民對其推動政策的長遠、整全規劃失去信心。

面對社會的質疑，政府目前做的只是重彈「教育行先」的老調。但對推行了二十多年的三色回收桶教育，除了小學生在常識科必須背誦的口訣「藍廢紙、黃鋁罐、啡膠樽」之外，其他教育似乎不見蹤影。2018 年政府發佈的《香港固體廢物監察報告 2017》透露，都市固體廢物回收率僅為 32%，創下 12 年新低。2017 年綠領行動曾檢視設置在銅鑼灣、中環、旺角等地三色回收桶內的棄置物，發現只有不足四成是經過處理方便跟進的回收物，其餘都是骯髒垃圾[11]。2018 年年底有傳媒就膠樽回收情況進行跟進調查，發現市民棄置的膠樽均沒有按指示清洗、除去樽蓋及招紙，當中更混有膠袋及各類金屬器皿；更無奈的事實是，市民當回收桶是一般的垃圾桶，內有大量食物渣滓，令回收工作近乎是不可能的任務[12]。以此為例，政府「教育行先」之說，難以服眾。

9　環境保護署（2018）:《香港固體廢物監察報告 2017 年的統計數字》，https://bit.ly/2I6DFAq。瀏覽日期：2020 年 11 月 6 日。

10　香港經濟日報（2018）:《垃圾收費延 1 年　最快後年底推》，2018 年 10 月 31 日，https://bit.ly/3n0eqPo。瀏覽日期：2020 年 11 月 6 日。

11　綠領行動（2017）:《香港路邊四合一垃圾及廢物回收箱　成效及違例棄置調查報告》，https://bit.ly/3kYfmU1。瀏覽日期：2020 年 11 月 6 日。

12　蘋果日報（2018）:《膠樽洗淨拆蓋冇人跟　市民政府回收商都有責任》，2018 年 11 月 1 日，https://bit.ly/3jWWpje。瀏覽日期：2020 年 11 月 6 日。

對商界傾斜，對市民不公

「教育行先」的重災區其實是環保消費教育，而更令人痛心的是政府在這方面本末倒置。一直以來市民反對的不是垃圾收費，而是反對現時的方案對商界的傾斜。在上述的公聽會上，有市民指控超市的貨物被過度包裝，垃圾收費是拿小市民的錢去為生產者找數。那位市民拿出一份數年前某大銀行的廣告，上面寫着「同一對鞋，我唔想每個月着多過兩次」，質疑大財團和零售商不斷渲染消費主義，商家才是垃圾的製造者，但政府一味向市民開刀，卻縱容商家忽視「生產者責任」[13]。

在市場推廣的粉飾之下，傳統節日被嚴重商品化，應節的擺設、裝飾和精緻的禮品包裝製造出大量節日垃圾。網購大財團甚至自創節日，多年前推出「雙 11 光棍節」，成功創造一個藉口叫人去瘋狂網購；之後有「雙 12」（12 月 12 日）、「Black Friday」、「Cyber Monday」等消費文化活動，「剁手族」數量狂飆。根據 MasterCard「網上購物調查報告」顯示，94.7% 本地消費者過去三個月曾在網上購物；香港貿易發展局的市場統計數據顯示，在 2011 至 2016 年間，香港人的網上消費額以 15.1% 的複合年增長率攀升[14]。網購包裝引起極大的垃圾問題，難以估計，綠色和平批評「雙 11 光棍節」其實是「生態災難日」。英、美一早已就商品包裝進行規定，南韓的《關於產品各種類包裝方法的標準》更把過度包裝物品視為一種違法行為，廠商如不依照政府規定減少產品的包裝比率和層數，最高會被罰款 300 萬韓元[15]。商家廢物製造量遠比市民高 —— 根據香港環保署的數字，從 2019 年回望過去 10 年於堆填區棄置的都市固體廢物，工商業廢物的增長率是家居廢物的 7.6 倍。可惜，政府卻一直未有制定相關的「生產者責任制」的時間表。

13　全球化監察（2019）：《2019 年政府垃圾徵費方案公聽會前場外示威》，2019 年 1 月 14 日，https://bit.ly/32h7SUR。瀏覽日期：2020 年 11 月 6 日。

14　香港經濟日報（2018）：《Mastercard 調查：近七成港人靠網購打發時間》，2018 年 6 月 26 日，https://bit.ly/2U2tYFS。瀏覽日期：2020 年 11 月 6 日。

15　俞書（2015）：《外國減少包裝措施可借鑒》，《文匯報》，2015 年 11 月 4 日，https://bit.ly/32iluPQ。瀏覽日期：2020 年 11 月 6 日。

　　早於 1998 年特區政府已經知道香港的廢物棄置量不斷增加，不久就難有足夠空間承受，遂制定《減少廢物綱要計劃》，推動源頭減廢，增加回收、循環再造和再用廢物的數量。20 年後，《香港固體廢物監察報告》透露都市固體廢物人均每日棄置量在 2017 年是 1.45 公斤，比起 2013 年的 1.33 公斤不跌反升。黃錦星當年在減廢藍圖上訂定 2017 年減廢兩成，將人均每日棄置量降至一公斤以下的中期目標落空；那麼，對於他的終極目標要在 2022 年或之前減廢四成，將人均每日棄置量減至 0.8 公斤或以下、指垃圾收費會是減廢運動的「火車頭」的說法，實在令人難以信服。

　　政府應盡快通過垃圾收費，實在是不二法門，別無捷徑；要動腦筋的是怎樣為有需要人士提供紓緩措施，配合生產者責任制和大力贊助回收業，推動循環經濟。台灣實施廢物徵費之後 10 年，回收率由 2.4% 大幅增加至 61%，家居廢物棄置量減少了 65%；首爾實施都市固體廢物按量徵費政策之後 15 年，家居廢物棄置量減少了 74%。市民必須知道處理垃圾的成本比我們想像中昂貴得多，「免費的」隨時會變成「最貴的」，我們隨手棄置、隨意製造垃圾，羊毛出在羊身上，最後也是我們埋單。

二

垃圾分類工作要成功可以不經陣痛嗎？

2020 年 1 月環境局局長黃錦星在 Facebook 專頁直播「和你傾環保」，高峰時間有超過 200 人收看。談到減廢回收問題，一眾網民反應十分熱烈。有網民質疑垃圾收費遲遲未有落實，黃局長表態：「我們是認真的」，把議案遲遲未能落實歸咎於立法會停擺[1]。

三色回收桶計劃困在死胡同

另一位網友的留言亦十分尖銳，問「幾時有真正做好回收？三色桶教育推行了好多年，教曉人們把回收桶當垃圾桶！」回收桶淪為垃圾桶的問題存在多年，不少傳媒報道、環保團體調查都有揭示過，然而情況一直未有改善。2019 年綠領行動再次在銅鑼灣、中環及灣仔等地區進行調查，情況與 2017 年一樣 —— 只有不足四成的棄置物被放到正確回收桶，大量不可回收的垃圾掉到回收桶內。調查指出香港市民的回收意識薄弱，很少人有乾淨回收的習慣，使其他可以回收的物品受到污染，最終只能棄置在堆填區內[2]。

黃局長在直播中告訴大家的「現實」卻遠離真相：「香港重要的回收空間絕對不是路邊的回收桶，無論做什麼都只有零點幾個百分比」，稱工商大廈及密集的住宅才是回收重地，但與之相反的是，根據 2015 年環境局提交立法會的資料，公共地方回收桶（包括住宅、公共機構及公眾地

1　黃錦星（2020）：《午間同你傾》，Facebook，2020 年 1 月 17 日，https://bit.ly/3pblG-bZ。瀏覽日期：2020 年 11 月 9 日。

2　東方日報（2019）：《探射燈：三色桶淪垃圾桶　衛生惡劣》，2019 年 2 月 17 日，https://bit.ly/38lmYwt。瀏覽日期：2020 年 11 月 9 日。

方）回收數量極低 —— 2014 年，廢紙回收佔全港回收總量 0.06%、塑膠回收佔全港回收總量 0.36%、金屬回收佔全港回收總量 0.007%[3]。

香港垃圾分類回收「主要依賴」三色回收桶，其發展歷史可以追溯至 1998 年政府推出的《減少廢物綱要計劃》。當時多個政府部門，如食環署、康文署及漁護署在公眾地方、屋苑和學校設置三色回收桶進行垃圾分類，回收廢紙、鋁罐及膠樽。2005 年，為進一步提高市民廢物分類和回收的意識，推行「家居廢物源頭分類計劃」，回收桶擴展至樓宇每層及屋苑範圍，除廢紙、鋁罐及膠樽外，還增加了其他可回收物品之種類，如電器、電子產品及舊衣服等[4]。2007 年，政府再把計劃擴展至工商業樓宇。截至 2018 年年底，回收桶的覆蓋範圍已超過八成香港市民的生活和工作地點。在 2,100 個屋苑、700 多條鄉郊村落和超過 1,000 幢工商業樓宇內，共設置約 16,000 套廢物分類回收桶，方便市民參與廢物源頭分類[5]。2015 年環境局書面回應立法會郭家麒議員提問三色廢物分類回收桶回收廢物的問題時，明確指出三色回收桶是《香港資源循環藍圖 2013-2022》的重要措施[6]。至於環保署 2015 年設立「綠在區區」及「社區回收網絡」等回收途徑，當時環保署副署長陳偉基早已開宗明義，表示項目是「以教育為主」，主要作用並不是進行回收[7]。

可惜，根據環保署《香港固體廢物監察報告》的數據指出，整體都市固體廢物回收率一直都是不升反跌。2018 年都市固體廢物回收率較 2012 年的 39% 跌至 30%、家居廢物回收率由 2012 年的 53% 跌至 2018 年

3　陸恭蕙（2015）:《立法會二十二題：透過三色廢物分類回收桶回收廢物　附件三》，2015 年 12 月 2 日，https://bit.ly/3ldAPs6。瀏覽日期：2020 年 11 月 9 日。

4　環境保護署（2018）:《家居廢物源頭分類計劃》，https://bit.ly/3lfKHSq。瀏覽日期：2020 年 11 月 9 日。

5　環境保護署（2019）:《政府就朱凱迪議員 2019 年 3 月 21 日來信的回應》，立法會 CB(1)875/18-19(02) 號文件，https://bit.ly/2lmOP48。瀏覽日期：2020 年 11 月 9 日。

6　黃錦星（2015）:《立法會二十二題：透過三色廢物分類回收桶回收廢物》，2015 年 12 月 2 日，https://bit.ly/32mBD6E。瀏覽日期：2020 年 11 月 9 日。

7　立法會祕書處（2015）:《環境事務委員會會議紀要》，2015 年 12 月 3 日，立法會 CB(1)247/15-16 號文件，https://bit.ly/38uQeRz。瀏覽日期：2020 年 11 月 9 日。

的 39%[8]。更令人擔憂的是有環保組織根據監察報告數據計算出 2014 至 2018 年的 PET 膠樽回收率，下挫趨勢有如跳崖，由 2014 年的 14.7% 跌至 2018 年的 0.2%[9]！這些都是環境局沒有告訴我們的。

香港浸會大學嘉漢林業珠三角環境應用研究中心主任黃煥忠曾在訪問時指出，「香港的回收設施主要是三色桶，綠在區區的回收量不多，教育意義多於實際效用。三色回收桶根本未能成為完整的回收系統，只是一個很短視的做法。」[10] 如此一套行之無效的做法，我們卻墨守成規了超過 20 年。看看對岸台灣，1998 年的資源回收率不到 6%，但兩年後實施垃圾費隨袋徵收制，2005 年推行垃圾強行分類回收，到 2018 年台灣的資源回收率已經高達 53.3%[11]，成績比美國和日本還要亮麗。

為什麼其他東亞城市成績亮麗？

其實日光之下並無新事，減廢成功的國家或者城市比比皆是。與香港生活模式相近的台北和南韓以「垃圾徵費」和「垃圾強制分類回收」兩條腿走路推行減廢運動，成績有目共睹。反觀香港，「教育先行」之說其實幾近固步自封，回收率愈推愈跌，廢物愈減愈多 —— 都市固體廢物人均棄置量 2020 年創下 28 年新高，達到每日 1.53 公斤。

減廢回收工作其實刻不容緩。正如香港環境保護協會主席樊熙泰說：「強制分類，強制回收，垃圾徵費，每個人都應該為自己所生產的垃圾負責。」香港垃圾收費遲遲未能落實，政府至今仍未提出垃圾強制分類。或許強制垃圾分類的執行十分艱難，對市民、工商界亦會帶來不便

8　環境保護署（2019）：《香港固體廢物監察報告 2018 年的統計數字》，https://bit.ly/38qHo7k。瀏覽日期：2020 年 11 月 6 日。

9　朱漢強（2019）：《0.2% 膠樽回收慘不忍睹 4 招求翻身》，《香港經濟日報》，2019 年 12 月 3 日，https://bit.ly/3kkkKjn。瀏覽日期：2020 年 11 月 9 日。

10　林立勝（2019）：《【塑膠回收】三色回收成效有限　源頭減廢是根本》，《香港 01》，2019 年 8 月 17 日，https://bit.ly/2ldxMlc。瀏覽日期：2020 年 11 月 9 日。

11　回收綠報 R-Paper（2019）：《變身世界資源回收模範生　一起感謝台灣高回收率背後的隱形大軍》，關鍵評論，2019 年 11 月 15 日，https://bit.ly/2lf7HCq。瀏覽日期：2020 年 11 月 9 日。

和壓力，但正如樊主席也說：「這樣的陣痛是必須經歷的。不然真的『垃圾圍城』時，可以逃去哪裏？[12]」

　　中國作為全球產生垃圾最多的國家，大部分城市都面對「垃圾圍城」的威脅，決意強忍「陣痛」，於 2019 年逐步推行強制垃圾分類工作。其實，中國內地的垃圾分類工作與香港差不多同時期推行。從 2000 年開始，北京、上海、南京、杭州、桂林、廣州、深圳、廈門八個大城市開始試行垃圾分類收集。十多年過去了，垃圾分類的效果強差人意；官方新聞也承認「試點十年後，有調查顯示，幾乎所有的城市垃圾分類工作大多是停留在宣傳階段」。[13] 新華社以「三低」概括中國推行多年的垃圾分類的問題：知曉率低、投放準確率低、資源利用率低[14]。清華大學環境學院副教授、住建部生活垃圾專委會委員金宜英指出，垃圾分類不理想的主要原因是「缺乏有力的政策扶持措施和配套執行措施」。痛定思痛，2017 年中國發改委、住建部推出《生活垃圾強制分類制度方案》，要求 2020 年 46 個重點城市的垃圾回收利用率要達到 35% 以上[15]，被冷待了十多年的垃圾分類再次啟動起來。

　　上海是垃圾強制分類的先頭部隊，2018 年 11 月國家主席習近平在上海視察時就明言「垃圾分類就是新時尚」，明確強調「我關注着這件事，希望上海抓實辦好」[16]。2019 年 7 月上海正式進入「史上最嚴」的強制垃圾分類的時代 —— 所謂最嚴有二，一是法規嚴厲：按《上海市生活垃圾管理條例》，如果沒有按照標準配置垃圾，個人最高可被罰款 200 元人民幣、企業機構最高罰款可達五萬元；二是分類嚴謹，上海的垃圾分類分

12　孫賢亮（2015）：《港府誇大廢物回收率　環保淪為數字至上的生意？》，《端傳媒》，2015 年 11 月 20 日，https://bit.ly/35bpbsn。瀏覽日期：2020 年 11 月 9 日。

13　光明日報（2017）：《處理生活垃圾，上海有辦法》，中國共產黨新聞網，2017 年 12 月 21 日，https://bit.ly/32qTtW4。瀏覽日期：2020 年 11 月 9 日。

14　新華網（2019）：《垃圾分類 19 年很多地方依然「分不清」，難點在哪？》，2019 年 7 月 2 日，https://bit.ly/3n9YEI5。瀏覽日期：2020 年 11 月 9 日。

15　國家發展改革委、住房城鄉建設部（2017）：《生活垃圾分類制度實施方案》，國務院辦公廳，2017 年 3 月 18 日，https://bit.ly/3n5Dp4a。瀏覽日期：2020 年 11 月 9 日。

16　新華網（2018）：《習近平寄語上海：勇創國際一流城市管理水準》，2018 年 11 月 7 日，https://bit.ly/35ck238。瀏覽日期：2020 年 11 月 9 日。

為四大類：可回收物、有害垃圾、乾垃圾和濕垃圾。當中「乾」、「濕」垃圾讓不少上海人民「崩潰」，有網民用一包未食完的核桃為例：如果想丟一包未食完的核桃，就必須一個一個撬開核桃殼，把殼放進乾垃圾內，果仁則放到濕垃圾內。上海市政府多次表態：「分垃圾，我們是認真的。[17]」因此，不管垃圾分類如何複雜，上海市民仍需進行到底。

所謂賞罰若明，其計必成。根據協力廠商機構調查，半年後超過七成的上海市民能夠準確把垃圾區分及投放至不同顏色的垃圾桶；近八成市民在沒有監督員的情況下仍然會主動遵循垃圾分類。而上海市綠化市容局局長鄧建平亦於上海兩會期間公佈垃圾分類實施半年多以來的成績單：可回收物回收量每日平均 4,049 噸，較 2018 年底增長超 400%；有害垃圾回收量每日平均 0.6 噸，較 2018 年底增長超 500%；濕垃圾回收量每日平均 7,453 噸，較 2018 年底增長 88.8%；乾垃圾回收量每日平均 17,731 噸，較 2018 年底減少 17.5%[18]。如此驕人的成績單，可以稱為回收大躍進。

有別於上海依賴嚴懲，深圳以提供經濟引誘去鼓勵垃圾分類。2019年 11 月推出《深圳市生活垃圾分類工作激勵辦法》，以獎代補的方式計劃每年用 6,250 萬元人民幣獎勵分類成效顯著的機構、住宅區、家庭及個人。按規定，個人激勵補助資金為 1,000 元；家庭激勵補助資金為 2,000元；綠色社區則以 1,000 戶可得 10 萬元的標準進行補助，最高不超過 30萬元；綠色單位的主要領導則與個人補助資金相同[19]。

垃圾分類已經在香港推行了二十多年，放目四望其他大城市的積極表現和成績，我們到底還需要多少時間去教育、去協調、去準備，才能進階到下一波更為進取的舉措？

現實中，很多「垃圾」有市有價，例如 PET 膠樽、玻璃樽。促進分

17　武毅秀（2019）：《上海迎接垃圾分類「大考」》，中外對話，2019 年 7 月 2 日，https://bit.ly/3kbbLkl。瀏覽日期：2020 年 11 月 9 日。

18　新華網（2020）：《成效顯著、短板猶存，垃圾能否資源化利用？——上海兩會問診垃圾分類》，2020 年 1 月 19 日，https://bit.ly/3lowimE。瀏覽日期：2020 年 11 月 9 日。

19　深圳市城市管理和綜合執法局（2019）：《深圳市生活垃圾分類工作激勵辦法》，深圳市人民政府辦公廳，2019 年 9 月 16 日，https://bit.ly/3eERH8C。瀏覽日期：2020 年 11 月 9 日。

類回收，良方之一是為市民提供經濟誘因 —— 以飲料容器為例，正向鼓勵有回贈制，逆向鼓勵有按樽制；牛奶玻璃樽實行大約一港元的按樽制，在國際上普遍效果良好，回收率甚或可以高達七成[20]。回收做好，才能把垃圾轉變為可循環再造的物料，令循環經濟走上軌道。

20　朱漢強（2021）：《回贈 VS 按樽費　應以理據理性討論》，《立場新聞》，https://bit.ly/3uF05fQ，瀏覽日期：2021 年 4 月 11 日。

三
疫情下塑膠污染大流行

環境局局長黃錦星 2020 年 8 月 1 日在其社交平台 Instagram 發表「疫下 走塑 收塑」帖文，向大眾傳授疫情下「走塑」招數：第一招，外賣時自備容器，或者免取即棄餐具；第二招，乾淨回收多類塑膠物品。豈料翌日《明報》報道鏞福樓老闆黃傑龍透露，旗下有食店本來向客人提供自攜餐具外賣自取優惠，近日竟然遭食環署「警告及提醒」：根據現行法例，顧客在禁堂食時段只可在指定區域等候外賣，不得在餐廳內接觸食物[1]。外賣客人「走塑」不成，反而被食環署職員嚇走，餐廳老闆唯有無奈取消自備餐具的優惠政策。

疫情下減塑暫時妥協

綠惜地球環境政策倡議總監朱漢強認為，疫情持久，市民依賴外賣餐食成為新常態，棄置塑膠餐具勢必成為日益嚴重的環境問題，唯抗疫大半年幾乎未見政府推出針對措施，令不少願意「走塑」的市民深感挫敗，希望政府在推出防疫措施前加強部門之間的溝通，以免市民無所適從。

新冠肺炎全球大流行，防疫成為政府的首要任務，市民把公共及個人衛生看得比任何一切都重要。連平日聲稱支持環保的醫學會傳染病顧問委員會主席梁子超也表示短期內要控制嚴峻疫情更為重要，目前無奈要取捨。這不是香港獨有的現象，倫敦衛生和熱帶醫學學院教授 Sally

---

1　明報特稿（2020）：《環團：禁堂食膠餐具倍增　日棄 5,000 萬遭食環警告　食肆取消推行自攜器皿》，《明報》，2020 年 8 月 2 日，A04 頁。

Bloomfield 也有類似觀點[2]，「走塑」路上觸礁的地方比比皆是。英國《經濟學人》確認，由於口罩、護目鏡、塑膠手套等防疫物資用量大增，加上外賣及網購量飆升，防疫期間也為環境帶來一場「塑膠污染大流行」[3]。單是 2020 年 3 月，已有 25 億用戶光顧亞馬遜（Amazon）網購，比前一年同期增加 65%[4]；餐飲外送服務 Uber Eats 在 2020 年第一季的營業額亦增加了 54%。每一次網購、每一份外賣，都產生大量即棄塑膠垃圾。

美國疫情嚴峻，有「零垃圾生活達人」之稱的 Lauren Singer 也放棄環保原則，八年來首次購買塑膠產品。很多連鎖咖啡店也基於衛生考慮而取消服務自攜杯的措施。不少國家、城市也因為防疫而暫停或放寬對一次性塑膠袋的禁令或徵費，重新向客人提供免費塑膠袋。早於 2016 年就禁止零售業者提供免費塑膠購物袋的加州，是全美最早實施收費政策的地區，2020 年 4 月也轉向變成提供免費塑膠購物袋，減低市民可能因為重複使用膠袋而感染的風險；三藩市更發佈行政命令禁止消費者持有可重複使用的袋子或咖啡杯等進入店舖。緬因州原定 2020 年 4 月起禁止提供塑膠購物袋，消費者須付費購買紙袋，但考慮疫情風險，已決定將之延期至 2021 年 1 月。非政府組織「國際固體廢棄物協會」（ISWA）會長馬沃羅波洛斯透露（根據未完全確切的資料），疫情爆發至 2020 年夏天美國即棄塑膠產品的消費量最少增加 250% 至 300%。

英格蘭 2015 年起實施塑膠購物袋收費，唯許多市民因疫情而使用網路超市服務，為避免出貨配送工作受影響，於 2020 年 3 月開始暫時轉為免費提供塑膠購物袋。英國對一次性用塑料吸管、小攪勺和棒棉籤禁令原本在 2020 年 4 月底生效，但因應疫情推遲到 10 月才執行。

台灣本應在 2020 年 7 月 1 日開始，政府部門、學校、百貨公司及購物中心、連鎖快餐店等不得為堂食顧客提供一次性塑膠吸管；然而受疫

2　Evans, A., (2020): Coronavirus: Starbucks bans reusable cups to help tackle spread, *BBC News*, https://bbc.in/2TzBGXP (accessed date August 2, 2020).

3　The Economist (2020): Covid-19 has led to a pandemic of plastic pollution, June 22, https://econ.st/37JXPev (accessed date: August 3, 2020).

4　鍾巧庭（2020）：《拋棄式口罩、免洗餐具、網購包裝……疫情給地球喘息機會？》，風傳，2020 年 6 月 24 日，https://bit.ly/34wZSRd。瀏覽日期：2020 年 8 月 2 日。

情影響，環保署已於 4 月中宣佈讓相關機構申請暫時提供一次性免洗餐具的措施。根據環保署統計，自 3 月 15 日至 4 月 15 日的一個月之間，已經有 377 家業者提出申請；花蓮縣更全縣統一放寬。

全球減塑大趨勢的例外：香港的徘徊

很多環保人士擔心，疫情過後使用即棄塑膠產品會重新成為生活常態，令多年來為解決塑膠污染災害的努力前功盡棄。然而，當下疫情嚴峻，相信各地首長只是因為特殊情況而從善如流；疫情後，一度暫援的禁塑令可以重新施行，放寬了的原有政策可以再次持守，為政者本該張馳有度。

有趣的是，疫情以來似乎未聞港府環境局暫停什麼減塑措施？是的，因為我城壓根兒就沒有多少減塑政策。2019 年 11 月立法會議員梁繼昌就減少廢塑膠問題向黃錦星提出五個問題，當中包括會否考慮全面禁止使用膠袋、有否制訂減少塑膠包裝物料使用量、會否考慮把即棄塑膠製品納入生產者責任計劃，以及會否制訂減塑時間表。要知道這些不是什麼創新措施，減少塑膠污染在政策層面不外乎法律規範（禁塑令）、經濟手段（生產者責任制）等等。很多國家都已經推出相關政策：即使在疫症之下，日本政府在 2020 年 7 月正式實施塑膠購物袋收費政策[5]；南韓於 2021 年禁止外賣免費提供即棄餐具，樂天超市（Lotte Mart）亦於疫情中宣佈在 2025 年前將即棄塑膠用量減少一半，成為亞洲首間作出長遠走塑承諾的大型連鎖超市[6]；歐盟國家亦會於 2021 年禁用十多款即棄塑膠用品，包括餐具、飲管、食物盒等[7]。環保組織綠色和平 2018 年結算過，全

5　Eric Johnston (2020): Japan's new plastic bag charge: What it means for consumers and the environment, *The Japan Times*, July 1, https://bit.ly/3ovsan3 (accessed date: August 3, 2020).

6　Greenpeace International (2020): S. Korea supermarket giant to halve its single-use-plastic packaging by 2025, June 8, https://bit.ly/37EUcXg (accessed date: August 3, 2020).

7　European Parliament (2019): Parliament seals ban on throwaway plastics by 2021, March 27, https://bit.ly/35vPubq (accessed date: August 3 2020).

球有超過 60 個國家有不同的減塑政策[8]。

黃錦星明知悉膠購物袋棄置量連續兩年回升跟收費額超過十年不變有關係，也知悉「減少包裝物料使用是全球的大趨勢」，面對議員質詢，他說正在「與零售業界積極商討」措施去推廣和鼓勵減少塑膠包裝物料；即棄塑膠產品納入生產者責任計劃的建議亦不會成事，只會「與餐飲業界合作」推廣及鼓勵減少使用即棄塑膠餐具。對於減少塑膠，港府一直在「檢討」、「考慮」後再進行「公眾諮詢」的階段彳亍不前：「由於很多措施還在研究或制訂中，我們現時還未能制訂廢塑膠於堆填區棄置量逐步下降的具體目標和時間表。」[9]

2020 年 1 月中國通過由中共中央全面深化改革委員會第十次會議審定的「關於進一步加強塑膠污染治理的意見」，為加強處理塑膠污染問題定下具體目標：2020 年率先在部分地區、部分領域禁止、限制部分塑膠製品的生產、銷售和使用；2022 年一次性塑膠製品消費量要明顯減少，替代產品得到推廣，塑膠廢棄物資源化能源化利用比例要大幅提升；在塑膠污染問題突出領域和電商、快遞、外賣等新興領域，要形成一批可複製、可推廣的塑膠減量和綠色物流模式；2025 年塑膠製品生產、流通、消費和回收處置等環節的管理制度要基本建立，多元共治體系要基本形成，替代產品開發應用水準要進一步提升，重點城市塑膠垃圾填埋量要大幅降低，塑膠污染得到有效控制[10]。在治理塑膠污染這重大任務上，國家有很好的取向值得特區政府認真參考。

「即棄」比「重用」更安全的迷思

疫情來襲，香港有多個街市感染、食肆感染的群組出現，不少人認

8　顏寧 (2018)：《減塑風潮席捲全球！一次看懂各國、各大企業的減塑政策》，綠色和平，2018 年 12 月 4 日，https://bit.ly/37LXR5M。瀏覽日期：2020 年 8 月 2 日。

9　黃錦星（2019）：《立法會十一題：減少廢塑膠》，香港特別行政區政府新聞公報，2019 年 11 月 13 日，https://bit.ly/3jxwlen。瀏覽日期：2020 年 8 月 2 日。

10　國家發展改革委生態環境部（2020）：《進一步加強塑膠污染治理的意見》，2020 年 1 月 16 日，https://bit.ly/37LCHVc。瀏覽日期：2020 年 8 月 2 日。

為有包裝的食物、用即棄餐具較為「衛生」、「安全」。香港綠領行動總幹事何漢威提醒大家「不少研究表明，即棄餐具未必等於衛生」。綠色和平也曾發表文章拆解「即棄」比「重用」更安全的迷思，強調科學研究資料指出新冠病毒可依附在塑膠及卡紙上，以這些物料製造的即棄包裝在生產、運輸、儲存甚或使用期間都有機會成為播毒媒介。餐具無論即棄還是重用都有傳播疾病的風險，關鍵在於有沒有為容器表面進行消毒。因此，即棄包裝根本不能確保安全，反而可以肯定的是對環境遺害甚深[11]。

不要讓使用即棄塑膠產品成為疫後新常態，上述知識的教育宣傳十分重要。政府多年來把減廢工作的重點放在教育上。那麼，希望可以在政府內外抓緊教育工作，多加協調，讓一眾有心減塑的餐廳不須擔心因為支持自備餐盒而犯例，讓一眾有心走塑的小市民不須為自備餐具而擔驚受怕。

11　綠色和平（2020）:《「即棄」安全過「重用」?》綠色抗疫 Q&A 拆解迷思，2020 年 4 月 24 日，https://bit.ly/34yTDMO。瀏覽日期：2020 年 8 月 3 日。

四
「垃圾海洋」無限復活，我們能置身事外嗎？

　　2020 年 8 月香港特區政府環境保護署在【海岸清潔】Facebook 平台上載《垃圾灣的蛻變》影片[1]，故事敍述環保署自 2015 年以來努力加強海岸的清理工作，在無數義工協助下，超過 400 日的行動清理了超過 300 公噸垃圾，石澳「垃圾灣」蛻變為美麗的海岸。前往那裏路途崎嶇，清理工作艱巨，實在感激一班清潔工人和義工的努力。不過這其實不是蛻變，而不過是（暫時？）回復原貌；過程亦不怎樣勵志和令人鼓舞。

「垃圾海洋」不算嚴重？

　　讓我們將鏡頭從政府的時間維度回撥 20 年：石澳「垃圾灣」位於港島東南端，因為香港每年大部分時間都吹東風，垃圾隨風及水流漂浮至此，日積月累堆積如山。早在 1995 年從海洋生態學權威 Brian Morton 教授拍攝的照片中，已經看到那裏的問題何其駭人[2]。世界自然基金會（WWF）香港分會項目經理楊松穎形容「垃圾灣是本港垃圾問題最嚴重的地方」[3]。諷刺的是，與之一崖之隔的正是鶴咀海岸保護區 —— 香港唯一一個為了保育海洋資源及科學研究，以及教育市民愛護珍貴海洋資源而成立的海岸保護區。

　　多年來政府對此一直不甚重視，環保團體的申訴來了，就以陸路偏

1　海岸清潔（2020）：《垃圾灣的蛻變》，Facebook，2020 年 8 月 9 日，https://bit.ly/2VoqL4a。瀏覽日期：2020 年 12 月 2 日。

2　楊松穎、林言霞、郭思薇、梁玥瑩、李美華（2016）：《育養海岸守護海洋的日子》，世界自然基金會香港分會，https://bit.ly/2I0j1CD。瀏覽日期：2020 年 12 月 2 日。

3　東方日報（2015）：《鶴咀垃圾灣 20 年未解決》，2015 年 5 月 4 日，https://bit.ly/3o-jOu29。瀏覽日期：2020 年 12 月 2 日。

遠崎嶇未能落實清理安排而推搪。2015 年 5 月香港多家媒體大肆報道「垃圾灣」的慘況，終於引起社會關注。當時「育養海岸」計劃的專家推算那裏的垃圾量高達 185 公噸，總數量約 1,200 萬件，平均堆積深度超過 42 釐米，可「淹」至小腿，需要 46 架具四噸運載量的垃圾車才可全數運走[4]；立法會環境事務委員會成員梁美芬形容問題令人「震驚、憤怒、難過、可惜、誇張」[5]。「垃圾灣」事件被廣泛報道後，食環署和海事處隨即展開清潔行動，三個月內清走 8,290 包海洋垃圾[6]，做了多年垃圾崗的石灘終於可以略窺原貌。但可惜的是，高官出巡之後不到半年，WWF 在 2016年 1 月回去考察時發現潮汐和海浪持續把垃圾沖上海灘，「垃圾灣」故態復萌。

　　本地的垃圾清理執行力不足，執法也不力。2012-2014 年間，針對海洋垃圾的平均檢控數字每年只有 13.7 宗[7]，無力阻嚇亂拋垃圾和不當棄置等行為。2016 年 7 月美國有線新聞網絡（CNN）報道，內地暴雨成災令大量垃圾沖來香港水域，漂浮廢物數以百噸[8]，市民譁然，時任特首梁振英曾經率領司局長到大嶼山執拾[9]；事後《香港 01》揭發有內地垃圾船在距離大嶼山 40 公里的海域傾倒垃圾。內外交迫之下，香港更多海岸變成「垃圾灣」[10]。CNN 指香港 1,178 公里海岸線佈滿膠袋、膠樽，把香港海港形容為「垃圾海洋」（trashed oceans）[11]。

4　世界自然基金會香港分會（2015）：《「育養海岸」深入鶴咀垃圾灣調查　逾百噸堆積垃圾反映香港海洋污染現況》，2015 年 5 月 5 日，https://bit.ly/36v8aKh 。瀏覽日期：2020 年 12 月 2 日。

5　吳卓峰（2015）：《堆積高逾兩呎重 185 噸　滿灘惡臭海岸保護區變「垃圾灣」》，《大公報》，2015 年 5 月 4 日，A11 頁。

6　同 2。

7　同 2。

8　Griffiths, J. (2016): "Unprecedented": Trash from China swamps Hong Kong beaches, CNN World, July 7, https://cnn.it/36DfBzj (accessed date: December 2, 2020).

9　明報（2016）：《梁振英率官員大嶼山執垃圾　清潔工先行清理及堆好》，2016 年 7 月10 日，https://bit.ly/3lrO8EF。瀏覽日期：2020 年 12 月 2 日。

10　羅俊文（2016）：《珠海、中山疑有「垃圾船」倒垃圾落海　香港海灘淪「堆填區」？》，《香港 01》，2016 年 8 月 26 日，https://bit.ly/2VmS674 。瀏覽日期：2020 年 12 月 2 日。

11　CNN (2016): Hong Kong's oceans are being trashed by plastic, November 10, 2016, https://cnn.it/3qnq2P5 (accessed date: December 2, 2020).

　　港府處理海洋垃圾不力的最大問題，是否認問題的存在。2015 年環保署發表《香港海上垃圾的源頭及去向調查》，第一項關鍵資訊總結就是：「整體來說海上垃圾在香港並不構成一個嚴重的問題。」理據之一是海上垃圾佔都市固體廢物少於 0.5%[12]。環保署「海岸清潔」的數據顯示，2010-2019 年的海上垃圾每年平均總量超過 1.53 萬公噸[13]，這算是多還是少？台灣綠色和平公佈了海岸快篩調查結果，我們或可略作比較參考：2019 年全台灣海岸上的廢棄物重 646 公噸[14]，而同年香港負責沿岸垃圾的漁農自然護理署、食物環境衞生署及康樂及文化事務署共收集 3,864 公噸垃圾，差不多是台灣的六倍。再者，1.53 萬公噸只是沿岸及漂浮垃圾，港府似乎沒有部門負責海底的垃圾？ 2013 年《打擊海洋垃圾潛水計劃調查指引》指出，有七成以上的垃圾其實都沉入了海底[15]；加上這些，粗略估算香港的海洋垃圾總共有五萬公噸。即或如此，因為香港廢物棄置量奇高，2018 年都市固體廢物量更創下 28 年來的新紀錄，一年就棄置了 587 萬公噸[16]，所以海洋垃圾的佔比還「不算大」？

　　眾多海洋垃圾當中，又以塑膠垃圾的數量最多、影響最大。海洋塑膠危機的嚴重性是僅次於氣候變遷的全球災難。根據 WWF 2016 年的報告，海岸線、海面和海底發現的垃圾當中，有六至八成為塑膠製品；十種最常見的塑膠垃圾當中大部分為即棄產品，諸如包裝袋、飲品瓶、餐具和發泡膠盒等。

　　2018 年超強颱風「山竹」肆虐香港，把大量海上垃圾沖回岸上，發泡膠和膠樽等遍佈杏花邨。清理期間有人找到 20 年前的可口可樂膠樽、

12　環境保護署（2015）：《香港海上垃圾的源頭及去向調查》，https://bit.ly/36s3N2w 。瀏覽日期：2020 年 12 月 2 日。

13　海岸清潔（2020）：《統計數字》，https://bit.ly/37lPNqo。瀏覽日期：2020 年 12 月 2 日。

14　環境資訊中心（2019）：《台灣海廢「快篩」出爐：過半垃圾集中在 10% 海岸線上》，2019 年 7 月 11 日，https://bit.ly/33zP5EJ。瀏覽日期：2020 年 12 月 2 日。

15　Project AWARE Foundation（2013）：《打擊海洋垃圾潛水計劃調查指引》，https://bit.ly/3mvzCgy 。瀏覽日期：2020 年 12 月 2 日。

16　環境保護署（2019）：《香港固體廢物監察報告 2018 年的統計數字》，https://bit.ly/38qHo7k 。瀏覽日期：2020 年 12 月 2 日。

1996 年的麥當勞發泡膠盒 [17] 和裝着 2003 年「ANGEL」寫給「SAM」情信的膠樽 [18]。也許「ANGEL」已經不再愛「SAM」，但一如網民戲言：「天變地變，唯有（盛載着青澀愛情的）膠樽不變」。

海洋塑膠垃圾：天荒地老

塑膠可以在海洋中沉積數百年，長年累月成為不能承受的重。2020 年美國智庫 Pew Research Centre 和 SYSTEMIQ 最新發表的《打破塑膠浪潮：對遏制海洋塑膠污染途徑的綜合評估》指出，20 年後海洋中塑膠的累積總量可能達到六億噸，相當於 300 萬頭藍鯨的重量 [19]。2017 年美國加州大學環境學者 Roland Geyer 及其研究團隊在 *Science Advances* 發表全球塑膠產量的科學分析，指出自 1950-2015 期間，全球共製造 83 億公噸塑膠，當中 70% 淪為垃圾。而塑膠垃圾中，12% 被焚化，只有 9% 循環再用。香港環保回收的表現一向落後國際社會，塑膠物料的回收率只有 7%，79% 塑膠垃圾被送到堆填區，在大自然裏（包括海洋）沉積起來 [20]。

更令人憂心的是，我們對於塑膠的需求量每年有增無減。塑膠於上世紀 50 年開始流行，短短幾十年內已經成為人類生活不可或缺的一部分。《塑膠：有毒的愛情故事》作者曾經做過實驗，嘗試一天不觸碰任何塑膠，可惜當天早上起床之後十秒鐘她就發現這個實驗十分荒誕，因為一走進浴室馬上看到馬桶座是塑膠製品 [21]。紀錄片《塑膠海洋》裏，導演 Craig Leeson 嘗試到不同的餐廳購買外賣，要求店員提供非塑膠容器，結

17 蘋果日報（2018）：《【山竹風災】杏花邨「垃圾山」揭塑膠遺禍　海洋還 20 年前膠盒給人類》，2018 年 9 月 19 日，https://bit.ly/39yW9Wc。瀏覽日期：2020 年 12 月 2 日。

18 楊羨庭（2013）：《杏花邨愛的故事！小學生 15 年前情信入膠樽　山竹過後青澀告白曝光》，《香港 01》，2018 年 9 月 25 日，https://bit.ly/3qlylp1 。瀏覽日期：2020 年 12 月 2 日。

19 皮尤慈善信託基金会、SYSTEMIQ（2020）：《打破塑膠浪潮：對遏制海洋塑膠污染途徑的綜合評估》，https://bit.ly/3qkGvnm。瀏覽日期：2020 年 12 月 2 日。

20 Geyer, R., Jambeck, J. R. & Law, K. L. Production, use, and fate of all plastics ever made. Sci Adv 3, e1700782 (2017).

21 蘇珊‧弗蘭克（2020）：《塑膠：有毒的愛情故事》，台灣：野人出版社。

果眾多餐廳中只有一家辦得到[22]。

　　新冠肺炎疫情困擾下的香港，外賣餐飲成為市民生活新常態，每天都產生大量塑膠垃圾。2020 年 5 月海洋公園保育基金就市民使用即棄餐具（包括容器）習慣進行調查，顯示疫情令用量明顯上升，由 2019 年平均每星期使用 3.1 件到調查時期的 3.4 件[23]。綠領行動推算疫情期間香港人一星期買 2,100 萬次外賣，一個星期就使用超過一億件即棄塑膠[24]。綠惜地球以 2018 年數字推算，每星期膠刀叉棄置量至少 3.5 億件，2020 年總棄置量將超過 200 億[25]。

「塑膠濃湯」你我共享

　　台灣藝術家劉威誠在一個題為《塑‧殺 —— 海洋哀愁》的創作中訴說：「我們創造了永久的塑膠，卻又將它設計成拋棄式。」[26] 當我們認為即棄塑膠比較衛生和安全的同時，有多少海洋生物卻因此而兇險重重？新聞中常見「海龜誤將膠袋當作水母捕食」、「抹香鯨誤吞垃圾喪命擱淺沙灘」、「塑膠牙籤穿過胃信天翁不停死亡」之類的報道，不計其數。塑膠垃圾亦可能會影響珊瑚礁健康，令患上骨骼侵蝕疾病、白化病和黑帶病的機會增加；也可能會遮掩或纏繞珊瑚，令之難以吸收陽光和氧氣，最終導致患病或窒息死亡。

　　人類一定可以置身事外嗎？這碗「塑膠濃湯」我們也有可能共享。

22　Leeson, C. (2016): A Plastic Ocean [Documentary]. Retrieved from https://www.netflix.com/

23　蘋果日報（2020）：《【武漢肺炎】港人多叫外賣　即棄塑膠餐具用量升至每週 3.4 件》，2020 年 6 月 10 日，https://bit.ly/33wST9J。瀏覽日期：2020 年 12 月 2 日。

24　綠領行動（2020）：《疫情釀膠災　港人每週消耗逾 1.018 億外賣即棄塑膠 抗疫時不忘絕膠　自救亦要救地球》，2020 年 4 月 9 日，https://bit.ly/3qjwiat 。瀏覽日期：2020 年 12 月 2 日。

25　有線新聞（2020）：《疫情釀膠災？　環團推算今年棄逾 200 億件外賣餐具　垃圾量大增　清潔工嘆市民懶用壓縮機：兩步都唔願行，但冇得怨》，YouTube，2020 年 8 月 7 日，https://bit.ly/37tz8kT 。瀏覽日期：2020 年 12 月 2 日。

26　劉威誠（2019）：《塑‧殺 —— 海洋哀愁》，Behance，https://bit.ly/3qxEswi。瀏覽日期：2020 年 12 月 2 日。

2012 年香港發生大型膠災，颱風韋森特把六個共載 150 噸聚丙烯膠粒（塑膠產品原材料）的貨櫃吹下海中，數以十億計、直徑小於一釐米的膠粒漏出。多個養魚區受影響，魚排發現數以百計死魚，內臟有殘留膠粒。時任政務司司長林鄭月娥安撫市民，說膠粒無毒，對水質、海洋生態及漁業的風險不高；食物及衛生局局長高永文也說可安心食用本地魚類，徹底清洗便可[27]。然而 WWF 高級環境保護主任（海洋）李美華指膠粒透明如魚卵，生物鏈較低層的小魚會視之為食物誤吞，之後未必即時死亡，卻會在體內積聚有毒物，遺害整條食物鏈[28]。

　　塑膠粒對人體健康有多大傷害，科學家還在估算，但近年愈來愈多研究討論「微塑膠」對人類的影響。微塑膠是什麼？《國家地理》介紹它是長度小於五毫米的塑膠顆粒。初級微塑膠包括溶化後用來製造塑膠產品的樹脂小粒，又稱為塑料微粒；次級微塑膠是由較大型塑膠物品碎裂所產生。2018 年奧地利維也納醫科大學的研究首次在人類糞便中驗出微塑膠，證明它已經完全入侵食物鏈。同年筆者同事霍年亨博士連同綠色和平成員和「彩虹勇士號」船員在香港水域進行本地首個全面海岸塑膠污染研究，發現香港水域微塑膠濃度三年內飆升 11 倍。除了香港，全球多處的食水也驗出含有微塑膠，也有不少研究證實魚類腸道和昆蟲內都含有微塑膠。當我們食用含有微塑膠的海鮮，我們就是喝上這碗「塑膠濃湯」了。科學家正在進一步了解微塑膠對人體健康的直接危害，但可以肯定兩者是「你中有我、我中有你的命運共同體」了。

管理海洋垃圾紙上談兵

　　面對海洋垃圾，全球都是命運共同體。由全球風場和潮汐所推動的海洋環流會把不同地方的海洋垃圾「滙集」，形成大型垃圾帶，而太平洋

27　香港政府迎聞網（2012）：《膠粒對食物安全風險不高》，2012 年 8 月 16 日，https://bit.ly/3qxGNY6。瀏覽日期：2020 年 12 月 2 日。

28　明報（2012）：《百噸化學膠粒飄港海　環團：魚類誤吞積毒恐進食物鏈》，2012 年 8 月 4 日，A10 頁。

垃圾帶就是面積最大的海洋垃圾集中區。2011 年在美國國家海洋和大氣管理局與聯合國環境規劃署合辦的第五屆國際海洋廢物會議上，制定了「檀香山策略」，為全球管理海洋垃圾定出框架。四年後港府環保署也予以參考，提出一個三管齊下的策略：第一，從源頭減少整體垃圾產生；第二，減少垃圾進入海洋環境；第三，清理海洋環境中的垃圾[29]。2016 年「育養海岸」就港府的三大策略建議多項措施：在減少製造垃圾方面，應推動及支持落實更多生產者責任制，說服各方共同分擔收集、回收、處理和妥善棄置垃圾的責任，制定新的政策和立法以禁用常見及破壞環境的塑膠產品（例如以微膠珠及發泡膠餐盒為目標）；在防止垃圾進入海洋環境方面，應加強執法（尤其於各海洋垃圾產生的黑點），並增加對亂拋垃圾及非法棄置垃圾的刑罰，又應建立並加強政府部門之間溝通，確保在海岸地點提供足夠設施和服務去收集垃圾；在清理海洋環境方面，應加強清理海洋垃圾，包括海岸線及海底環境等[30]。

　　可惜一切都只是紙上談兵，《垃圾灣的蛻變》也讓大家不能再自欺欺人：清理垃圾的效率遠遠追不上製造垃圾的速度，其實從源頭走塑才是最有效的方法。多年來港府雖然一直視「都市固體廢物收費」為減廢的「火車頭」，無奈經歷四屆政府 15 年的光陰，最終也是「胎死腹中」。說到底港府需要為淘汰即棄塑膠餐具定下目標和時間表，並着力促成生產者責任制，海岸「垃圾灣」才不會「無限復活」。

29　同 12。
30　同 2。

五
東亞垃圾貿易反擊戰當中的香港

2019 年 6 月 3 日，約 25 噸來自香港、報稱是「電子零件」的貨櫃，被菲律賓打送回頭，因為該國海關證實它們其實是有毒電子垃圾和廢塑膠[1]。不少朋友這才醒覺，最近東南亞的「垃圾戰」，香港並不能置身事外。

小國對強國的垃圾反擊戰

跟發達國家大打「垃圾戰」最為「勇武」的正是菲律賓。2013 年加拿大將 103 個貨櫃、共 2,500 噸的「回收塑膠」運到菲律賓。貨櫃抵達馬尼拉附近港口之後被當地海關發現「貨不對辦」，裏面只有三分之一是可回收塑膠，其餘全是電子垃圾、家居垃圾等。於是自 2014 年 3 月起，菲律賓政府一直透過外交途徑請求加拿大政府協助將垃圾運回。加方拖延多年，言行出位的總統杜特爾特忍無可忍，揚言若加拿大未能於 2019 年 5 月 15 日之前把滯留的垃圾運走，將派船將之運回加拿大並傾倒在海灘之上，剩下的就丟到加拿大駐菲大使館；更聲稱倘若加方不作回應，將會對之宣戰。加拿大未有如期將垃圾運走，菲律賓馬上召回駐加大使及使節，事件成為正式的外交糾紛。最終加拿大在 2019 年 6 月將 69 櫃垃圾運返溫哥華，費用由加方承擔[2]。

馬尼拉也劍指其他富裕國家：2019 年 1 月菲律賓將一家與之合資的

1　綠色和平（2019）：《香港涉走私洋垃圾貨櫃被菲律賓退返　揭港或成「國際垃圾崗」》，https://bit.ly/3jZcdSC。瀏覽日期：2020 年 11 月 5 日。

2　Bautista, R., (2019): Philippines sends trash back to Canada after Duterte escalates row, *Reuters*, May 31, https://reut.rs/3eqbFUJ (accessed date: November 5, 2020).

南韓企業的 6,300 噸被虛報為「合成塑膠」、實際卻是使用過的紙尿布、電池、燈泡和醫療廢棄物等垃圾，退回南韓[3]。

　　東南亞「垃圾戰」的另一位戰士是馬來西亞，2019 年 4 月將五箱垃圾運回西班牙；一個月後能源與環境部長楊美盈高調宣佈啟動垃圾清理行動，把多達 3,000 噸的垃圾送返英國、美國、澳洲、加拿大及日本等國[4]。總理馬哈迪慨言垃圾貿易對發展中國家是「非常不公平的交易」，「因為窮國沒有選擇，而可能此事對其經濟只是帶來微小的貢獻。」[5]

垃圾貿易：一盤蝕本生意

　　垃圾貿易一直被包裝成一盤「互惠互利」的大生意：發達國家出口垃圾，便宜快捷地將難題轉嫁；發展中國家進口垃圾，獲得資源加工出售以賺取利潤。中國經濟學家郎咸平就指出西方發達國家處理一噸垃圾需要 376 美元，而中國只需少於 9 美元；中國購買一噸垃圾的成本是 144 美元，加工再造一噸廢紙可以賣得約 288 美元，加工再造一噸鋁罐可以賣得 578 美元，加工再造一噸塑膠更可以賣得 1,000 美元以上[6]。買賣雙方皆能「獲利」，是一門雙贏的生意。

　　事實上，在 2018 以前中國一直是「世界垃圾場」，是全球可回收垃圾最大的處理工廠。以塑膠垃圾為例，美國有研究指出，自 1992 年全球超過七成的塑膠垃圾都被運到中國內地及香港，當中超過一億噸會被直接運到中國內地，佔世界塑膠垃圾進口總量的 45.1%[7]。而美國廢品回收

3　The Korean Times (2019): Korea to take back trash from Philippines, January 4, https://bit.ly/362GWJD (accessed date: November 5, 2020).

4　Reuters (2019): Malaysia to send 3,000 tonnes of plastic waste back to countries of origin, May 28, https://reut.rs/2I2Qufe (accessed date: November 5, 2020).

5　Yamaguchi, M., (2019): Malaysia PM says global garbage trade 'grossly unfair', AP News, May 30, https://bit.ly/3kZU1cS (accessed date: November 5, 2020).

6　朱漢強（2018）：《洋垃圾經濟學》，《明報週刊》，2018 年 2 月 12 日，https://bit.ly/38cYs0s。瀏覽日期：2020 年 11 月 5 日。

7　Amy L. Brooks, A. L., Wang, S.L., Jambeck, J. R. (2018): The Chinese import ban and its impact on global plastic waste trade, *Science Advances*, 4 (6), https://bit.ly/3oVQgrb (accessed date: November 5, 2020).

業協會統計，2016 年一年之內中國就從美國進口了價值 56 億美元的舊金屬製品、19 億美元廢紙及大約 5 億美元的塑膠垃圾 [8]。

然後，2018 年中國務院發佈《禁止洋垃圾入境推進固體廢物進口管理制度改革實施方案》，提高固體廢物進口門檻，以及禁止生活來源廢塑膠進口 —— 面對垃圾貿易如此豐厚的利潤，為什麼中國竟然下此禁令？因為中國「終於」了解到處理垃圾的隱藏成本比其所得的利潤高出更多。

發達國家一早知道處理垃圾背後的環保和健康成本太高，因此盡量將垃圾出口至發展中國家。發展中國家的固體廢物管理、廢物處理能力和設備大都未達國際標準，對當地環境造成的傷害更為嚴重。以馬來西亞為例，研究透露這些進口垃圾在國內未能被循環再造，只得任其腐爛、棄置或焚燒；再加上本土垃圾，令到國家生態環境受到巨大破壞，公眾健康受到嚴重影響 [9]。另一項研究發現，在南亞經濟體的基本廢棄物處理系統中，處理垃圾的成本為每噸 50 至 100 美元，然而因燃燒廢棄物或將廢棄物棄置在水道所造成的污染及疾病成本則高達為每噸垃圾 375 美元。[10] 從這個以人為本的角度計算，垃圾貿易根本就是一盤蝕本生意。

因為貧窮，過往中國一直奉行「先污染、後治理」的發展模式。隨着中國經濟不斷增長，空氣污染、水污染、土壤污染亦隨之而來。全球空氣污染最嚴重的 15 個大城市之中，中國有三個榜上有名 [11]。霧霾使北京一度發佈空氣污染紅色預警，市內所有中小學、幼稚園停課。工業發展同時使土壤受到大量重金屬污染 —— 北京經濟貿易大學法學院教授高桂林警告，中國每年有 1,200 萬噸糧食受土壤的重金屬污染，直接影響食物

8　The Institute of Scrap Recycling Industries (2017): United States Scrap Trade with China, https://bit.ly/3881vqG (accessed date: November 5, 2020).

9　Greenpeace Southeast Asia (2018): The Recycling Myth, https://bit.ly/2TUbjw3 (accessed date: November 5, 2020).

10　Engel, H., Stuchtey, M., &Vanthournout, H., (2016): Managing waste in emerging market, McKinsey & Company, February 17, https://mck.co/3k14m73 (accessed date: November 5, 2020).

11　World Health Organization (2016): Ambient Air Pollution Database, May, https://bit.ly/2JELuOL (accessed date: November 5, 2020).

安全，危害公眾健康，其損失可高達每年 200 億人民幣[12]。而這一切，都只是中國環境問題的冰山一角。

垃圾貿易雙贏的假象被戳破，東南亞多國紛紛收緊垃圾的入口標準，拒絕成為新一個「世界垃圾場」。馬來西亞政府自 2019 年起推出一連串政策應付垃圾貿易問題：不允許沒有進口許可證的廢塑膠卸貨；凍結發出塑膠廢料進口許可證三個月[13]；現有的 114 家塑膠廢料工廠，無論是否持有執照，都必須重新進行申請執照程序；勒令關閉 17 家洋垃圾工廠[14]。越南政府亦於 2018 年 6 月起嚴格控制廢料進口，暫停進口廢紙、廢塑膠四個月，並打擊洋垃圾走私問題[15]。泰國政府也宣佈在兩年內禁止塑膠廢料進口[16]。

垃圾戰雲下香港的投降主義

東亞發展中國家向強國發動「垃圾反擊戰」，同仇敵愾，廁身其中的香港又如何自處呢？有環境組織透露，自 2017 年管制全球有害廢物出入口的《巴塞爾公約》生效後，2018 年就有逾 28 萬噸廢塑膠未能轉口到其他國家而滯留在香港。立法會前議員姚松炎及環保團體於 2019 年初分析 2017 年都市固體廢物量的統計數字時，懷疑工業廢物量急升兩成是跟回收商購買可回收垃圾之後遇上中國垃圾禁令政策有關[17]。根據環境保護署數據，2017 年本港本地回收系統共回收近 183 萬公噸都市固體廢物，

12　王開廣（2016）：《中國每年 1,200 萬噸糧食受重金屬污染　損失達 200 億》，人民網，2016 年 11 月 21 日，https://bit.ly/2TUSRn4。瀏覽日期：2020 年 11 月 5 日。

13　FMT (2018): Permits to import plastic waste for 114 factories revoked, July 24, https://bit.ly/3on0qQx (accessed date: November 5, 2020).

14　Kua, K. S. (2018): New Malaysia: A haven for plastic waste?, *Malaysiakini*, September 26, https://bit.ly/3g9xaKr (accessed date: November 5, 2020).

15　Staub, C.(2018): Why Vietnam is shutting out scrap plastic, *Resource Recycling*, May 31, https://bit.ly/34VXi7t (accessed date: November 5, 2020).

16　Zein, Z.(2018): Thailand to ban plastic waste imports by 2021, *Eco-Business*, October 17, https://bit.ly/364MMtY (accessed date: November 5, 2020).

17　姚松炎（2019）：《香港垃圾量不跌之謎》，立場新聞，2019 年 1 月 5 日，https://bit.ly/2I4DE0g。瀏覽日期：2020 年 11 月 5 日。

其中只有 3% 會在本地循環再造，其餘 97% 是運往內地及其他國家循環再造[18]，可是在中國及東南亞收緊垃圾進口標準之後，回收的廢物難以出口，最終只能被送到本地堆填區？

百上加斤的是，香港政府在減廢上向來動作不大，過去六年都市固體廢物量年年上升，2017 年的棄置量就上升了 3.7%，平均每日棄置超過一萬公噸固體廢物。《香港資源循環藍圖 2013-2022》的減廢中期目標是要在 2017 年將都市固體廢物每日人均棄置量減至 1 公斤或以下；然而，實際上棄置量不但沒有減少，更創下自 1991 年以來的新高，每日棄置量為 1.45 公斤。

2019 年 6 月初，立法會人事編制小組委員會討論環保署將開設兩個常額和七個編外職位，負責籌備和推行都市固體廢物回收及其他減廢回收措施等工作。議案雖然得到支持，但多位議員在會上批評當局減廢工作成效不彰、落後於國際社會[19]。面對這些耳熟能詳的批評，負責回應的環境局黃錦星局長一如既往：先同意議員的批評，然後重複都市固體廢物徵費這個減廢措施的所謂「火車頭」，以及參考外國經驗，然後再做本地研究云云。

終於，香港環保署承諾由 2021 年初起落實新的《廢塑膠進出口管制指引》，引入申報制度和釐清廢塑膠定義，值得肯定。綠色和平也呼籲得好：下一步應該持續監察措施成效，並推動政府優先調配資源支援本地廢塑膠的回收再造行業，提高本地廢塑膠回收量[20]。大家也不要忘記洋垃圾種類繁多，若不仔細地逐一擊破，「垃圾圍城」早晚會大軍壓境。

18 環境保護署（2017）：《香港固體廢物監察報告 2017 年的統計數字》，https://bit.ly/2I6DFAq。瀏覽日期：2020 年 11 月 5 日。

19 東方日報（2019）：《立會通過環保署申 9 職位　議員批港減廢落後全世界》，2019 年 6 月 5 日，https://bit.ly/3mRPSrY。瀏覽日期：2020 年 11 月 5 日。

20 綠色和平（2020）：《堵截洋垃圾成功！香港加強管制廢塑膠進出口》，https://bit.ly/3eTYlEx。瀏覽日期：2021 年 5 月 17 日。

丙 與牠／它共融

其實，人類是不能生存在沒有動物、植物、樹林甚或沒有海洋的世界。生物多樣性為我們提供各種生存所需，諸如糧食、衣物、建築材料……等等；大自然可以幫助吸收和儲存二氧化碳，減輕全球暖化為我們帶來的衝擊。

牠／它的福祉日見侵蝕，因為政府以為牠／它勢弱無聲，於是我們也都虛作言輕？

一

山野無痕，如何守護香港郊野公園？

2018 年 12 月環境局局長黃錦星在網誌《全新郊野公園？又點止咁簡單！》表示希望在「後真相」時代提醒市民，香港郊野公園的面積自 2013 年起增加了大約 50 公頃[1]。

怎樣在「後真相」時代了解政府政策，確實需要慎思明辨而不是簡而約之。黃錦星這一次提點，令我們想起前特首梁振英「郊野公園可加可減」的提法。

2017 年 1 月，梁振英在最後一份施政報告內提出研究開發「低生態價值」地區，用以興建住房，提出郊野公園用地應是「可加可減」的概念[2]。當時黃錦星就以郊野公園總面積增加 38 公頃安撫市民[3]（注意：其實芬箕托、西流江和一幅位於南山附近大約 12 公頃的土地是在半年後才刊憲納入郊野公園），又表示「法例的門檻頗高，不易通過」[4]、「留待社會討論及回應」[5]；同年 5 月，梁特首向房協發出邀請，以大欖隧道旁及水泉澳邨毗鄰郊野公園邊陲地帶發展房屋進行研究，而局長的回應是「找出客觀數據予社會討論並非壞事」、強調「環保署有把關能力」[6]，對於開發郊野公園興建房屋一事，一直沒有確切正面的答覆。

1　黃錦星（2018）：《全新郊野公園？又點止咁簡單！》，香港特別行政區政府環境局，2018 年 12 月 13 日，https://bit.ly/3p7ZT6p。瀏覽日期：2020 年 11 月 10 日。

2　蘋果日報（2017）：《【施政報告】梁振英：應考慮郊野用地「可加可減」》，2017 年 1 月 18 日，https://bit.ly/3eJNbG1。瀏覽日期：2020 年 11 月 10 日。

3　黃錦星（2017）：《環境局局長會見傳媒談話全文》，香港特別行政區政府新聞公報，2017 年 1 月 23 日，https://bit.ly/36ncSlG。瀏覽日期：2020 年 11 月 10 日。

4　李先知（2017）：《環團阻郊園建屋暫無板斧局長閉門安撫稱闖關不易》，《明報》，2017 年 5 月 19 日，A16 頁。

5　蘋果日報（2017）：《開發郊野　黃錦星：睇社會回應》，2017 年 1 月 20 日，https://bit.ly/3kd0srL。瀏覽日期：2020 年 11 月 10 日。

6　星島日報（2017）：《郊園邊陲地研建屋　黃錦星拍心口把關》，2017 年 5 月 19 日，https://bit.ly/3lfS9Np。瀏覽日期：2020 年 11 月 10 日。

到新一屆政府成立「土地供應專責小組」，並將「發展郊野公園邊陲」作為開拓土地選項之一，黃錦星又再以興建大欖隧道時剔除郊野公園數公頃土地為例，指「政府再開發郊野公園用地，同時也會有方案補償」。[7]那麼，黃錦星說的「把關」，原來就是消極地為「再發展」郊野公園土地之後爭取「補償」？

黃錦星在 2017 年主持郊野公園成立 40 年的活動時「希望市民能在郊野公園『共用』、『共樂』，以及『共行』環保的行為，因為郊野公園是要一起保育及保護的」[8]此話言猶在耳。梁振英提出了「郊野公園開可加可減」後，許多地產商紛紛對之虎視眈眈。現任特首林鄭月娥說：「當數以千計兒童居住環境惡劣，是否仍然不可以在維港以外填海、不可以探討使用郊野公園邊陲地帶？[9]」然而，以郊野公園土地去換地建屋，將城市發展與環境保護置於對立面是環境保育制度、思想的大倒退。

「兩山論」的警醒

國家主席習近平在廣受大陸官商學界引用的名篇《深入理解新發展理念》中強調「生態環境沒有替代品，用之不覺，失之難存」[10]；更重要的當然是他的「兩山論」：「我們既要綠水青山，也要金山銀山。寧要綠水青山，不要金山銀山，而且綠水青山就是金山銀山。[11]」返內地的新發展城市走走，「兩山論」被開宗明義認真宣揚。大陸媒體梳理改革開放 40年政府執政理念的變化，要點之一就是國家淡化了對本地生產總值的追

7　黃錦星（2017）：《環境局局長會見傳媒談話全文》，香港特別行政區政府新聞公報，2017 年 9 月 2 日，https://bit.ly/2Ui2lsx。瀏覽日期：2020 年 11 月 10 日。

8　香港特別行政區政府新聞公報（2017）：《漁護署「承傳共行」慶祝郊野公園四十週年》，2017 年 4 月 9 日，https://bit.ly/32ryYsA。瀏覽日期：2020 年 11 月 10 日。

9　立場新聞（2017）：《林鄭：當千計兒童居住惡劣，是否仍不可填海、發展郊野邊陲、鄉郊收地建屋？》，2017 年 9 月 6 日，https://bit.ly/3p85TMt。瀏覽日期：2020 年 11月 10 日。

10　習近平（2019）《深入理解新發展理念》，中國共產黨新聞網，2019 年 5 月 16 日，https://bit.ly/3n8UKJ。瀏覽日期：2020 年 11 月 10 日。

11　人民日報（2016）：《綠水青山就是金山銀山》，新華網，2016 年 5 月 9 日，https://bit.ly/2GLeG5v。瀏覽日期：2020 年 11 月 10 日。

求，生態環境保育成為各級黨委、政府的硬任務[12]。香港高官可以繼續向郊野公園開刀，發展所謂「低生態價值」的郊野公園「邊緣」，把環保團體的反對聲音詆毀為阻礙香港發展的元兇，要為市民不能上樓負責，甚或認為保留四成綠化土地是愚蠢的比例，筆者希望大家注意的另一個真相是，2018 年迎來改革開放 40 年的祖國，將綠化覆蓋率達到四成來作為中國進入小康社會目標的重要指標之一[13]。

過去大規模、高速度的工業化、城市化雖然令社會經濟發展蓬勃，卻為生態環境帶來難以逆轉的破壞，使中國大半城市深受霧霾影響。今天，國家領導人認真了解到在一味追求本地生產總值高速增長背後，生態環境破壞帶來的沉重代價。2015 年，習近平把「生態文明建設」首度寫入國家五年規劃之內，將生態環境保護列為重要國策之一[14]；2018 年他在慶祝改革開放 40 年的講話中，要港澳更積極主動參與國家治理實踐，當中包括「生態文明建設」，同時指港澳是中國其他城市借鑑的近水樓台[15]。隨便在網上找一些有關中國建設和保護郊野公園的文獻，大部分都會引用香港為範例，是中國最早發展郊野公園的城市；不少文章讚揚香港郊野公園發展成功，影響內地城市也意識到郊野公園在城市發展中的重要作用。

當年，差不多在大陸開展改革開放的同時，港英政府制定《郊野公園條例》，發展郊野公園，平衡城市發展和生態環境，使香港作為一個人口密度極高的城市，仍能擁四成的綠化土地，使市民有遠離繁囂的選擇，在郊野公園找到呼吸新鮮空氣的空間。令人遺憾的是，回歸祖國二十多年之後，特區政府卻以分割、對立來定義郊野公園與發展的關

12　章軻（2018）：《中國生態 40 年巨變：從環保人覺醒到執政硬任務》，第一財經，2018 年 12 月 17 日，https://bit.ly/2UoWT7D。瀏覽日期：2020 年 11 月 10 日。

13　中國碳排放交易網（2016）：《2020 年中國城市建成區綠化覆蓋率將達 39.5%》，2016 年 5 月 6 日，https://bit.ly/3n68ip5。瀏覽日期：2020 年 11 月 10 日。

14　中國環保在線（2015）：《生態文明建設首次寫入「十三五」規劃》，中國循環經濟協會，2015 年 10 月 27 日，https://bit.ly/32rQLzS。瀏覽日期：2020 年 11 月 10 日。

15　明報（2018）：《【改革開放 40 年】習近平見港澳各界訪問團講話全文》，2018 年 11 月 12 日，https://bit.ly/3eL6OO3。瀏覽日期：2020 年 11 月 10 日。

係，以可加可減、消極補償的落伍理念來守護郊野公園。

　　經過五個月的諮詢期，土地供應專責小組於 2019 年伊始向政府提交開拓土地優次的最終報告，猶幸發展郊野公園「邊陲」沒有納入優先選項之內。習近平在名篇《推動形成綠色發展方式和生活方式》中說「堅決摒棄損害甚至破壞生態環境的發展模式，堅決摒棄以犧牲生態環境換取一時一地經濟增長的做法[16]」，希望在香港政策制定者心目中真的振聾發聵。

對自己的大自然講「禮」

　　黃局長講「共用」、「共樂」和「共行」，守護香港郊野公園的責任當然也包括普羅大眾。對於喜愛外遊的香港人而言，從 2020 年起超過一年多時間未能出遊，確實不好過。新冠疫情肆虐全球，重創全球旅遊業，唯有寄望本地遊刺激「內需」，以減少旅遊業的損失。香港人亦「不負眾望」，成為郊野公園最大的「消費者」。然而，山野無辜，再隱世的、偏遠的、僻靜的角落都留下香港人「到此一遊」的痕跡，郊野公園再一次的成為生態災難現場。

　　比起去歐洲尋幽、去日本購物、去南韓或台灣暴食、去尼泊爾或加拿大行山，在香港消費郊野公園成本低得多、行山、打卡也可以解一解旅遊之渴。況且，香港郊野公園本身就聞名海外，從繁榮摩登的石屎叢林走到某些鄉郊，短至只須十多分鐘。台灣旅行文學家劉克襄筆下的香港行山體驗多麼美好：「惟後頭的山巒是公平的，每個人都能來此享受自然資源。不分貧賤。凡愈親近的，享受愈豐富。」[17] 只是以往香港人未有發現，以使今天郊野公園淪為避「炎」勝地。

　　如果 2003 年的 SARS 令香港人重新發現郊野公園的美好，那麼今次

16　習近平（2017）：《推動形成綠色發展方式和生活方式》，中國共產黨新聞網，2017 年 5 月 26 日，https://bit.ly/36AN2kP。瀏覽日期：2020 年 11 月 10 日。

17　劉克襄（2014）：《四分之三的香港》，香港：中華書局。

新冠肺炎疫情則令香港人重新正視自己對郊野公園的「醜惡」。2021 年復活節五日長假期間，食環署在離島及鄉郊共收集超過 190 公噸垃圾，相等於前一年郊野公園全年垃圾量的 8.3%。熱門露營熱點如塔門、東龍島、白臘等垃圾遍地，紙巾、膠樽、食物包裝隨處可見，也許更令人驚訝的是，原來背囊、帳篷等露營用品都已經成為即用即棄用品。

因為疫情關係不能外遊，郊野公園、離島、行山徑等處處人頭湧湧。環保團體綠色力量調查指出，2020 年四成市民比往年更頻繁到郊野遠足，由 2019 年平均每月去 2.8 次大幅增加至 6.4 次。根據漁護署提供的資料顯示，2020 年在郊野公園整體訪客人數為 1,200 萬，比起 2019 年 1,120 萬訪客人數為多。有趣的是，2020 年整體訪客數字雖然上升，收集垃圾數量反而下跌。心水清的讀者應該馬上想到，郊野公園內收集到的垃圾主要是來自露營和燒烤地點，而在 2020 年露營和燒烤地點在很多時間都是關閉的，所以才會有人數上升但垃圾量下降的錯覺。

垃圾量增加不單是公共衛生問題，山火頻生是另一個惡果。漁護署 2020 年首季錄得的山火宗數較前一年同期增加 3.5 倍，燒毀超過 300 公頃郊野公園林木，估計超過 4,600 棵，面積等於 15 個維園。2021 年第一季郊野公園垃圾量為 874 公噸，比前一年同期上升 24%。馬鞍山郊野公園的鹿巢山在 2 月 23 日中午起火，火勢蔓延至梅子林方向，出現長達 400 米的火龍，山火焚燒 20 個小時後終於被救熄，但山林已經變成一片焦土。4 月初大欖郊野公園再焚燒逾 40 小時，數以萬計的林木被焚毀，當中包括植樹區內大量樹木。綠惜地球社區協作總監鄭茹蕙相信，災難「多是人為造成」。

過往我們可以將破壞郊野環境的行為諉過於外（內）地遊客，今次我們不得不承認自己的郊野公園是自己破壞的。以往我們歧視自由行遊客傷害大自然的不當、不文明行為，其實只是五十步笑百步。我們必須承認、正視，才可以好好的解決問題。

近年香港人愈來愈喜歡行山，不論是近年討論區必上熱門的「行路撚 post」、知名事件「行山銀行」，以至疫情之中備受爭議的「people mountain people sea」郊野都成為一時熱話。正面來看，香港人走遍「四

分之三」的土地，用汗水告訴大家我們有多麼熱愛香港。然而，發展綠色旅遊也常常令人感到矛盾——香港郊野公園的自然生態是世界級的，而且背後的那份人文價值、歷史承載也引人入勝；有誰會用「歐洲的北國風景」，形容香港的河谷平原？推廣本地遊的目的便是希望大家認識香港更深，誠如創辦本地深度旅遊網站 V'air Hong Kong 的年輕人所期望：「香港可能係好細，但都有好多獨一無二嘅地方同景色」，希望港人了解推介地點背後的歷史背景、文化，不希望市民以「打卡」、「到此一遊」的心態郊遊遠足。這對許多香港人來說，或許從來不是一個存在的選擇吧。蘇東坡詩云：「不識廬山真面目，只緣身在此山中。」當局者迷，旁觀者清，這番道理看似平易，細看實在有其哲理。

宣傳什麼？如何教育？

對於解決郊野公園垃圾難題，相信公眾、政府都會認同教育是治本之道。漁護署自 2015 年起聯同環保團體展開「自己垃圾自己帶走」宣傳教育活動，鼓勵市民養成良好習慣，在遊覽郊野公園後帶走自己的垃圾；同時，當局分階段把郊野公園、家樂徑和自然教育徑的垃圾箱和回收箱移除，以配合「山野不留痕」郊遊文化，讓大家共同參與保育郊野環境及生態。到 2017 年底，所有垃圾箱基本上已經移走。而從政府的統計數字來看，收集到的垃圾量由 2015 年的 3,700 公噸大幅下降至 2019 年的 2,500 公噸。

政府的教育經得起考驗嗎？ 2020 年底綠色力量的調查透露，超過五成受訪者留意到郊野地區的垃圾有增加趨勢；當中九成人指出防疫用品如口罩、消毒濕紙巾等垃圾增加最明顯，平均每名郊遊人士每次都棄置 1.5 個口罩以及 2 張消毒濕紙巾；近六成受訪者認為行山徑的垃圾問題嚴重，數字是自 2016 年開始進行調查以來的新高。除了調查數據，還有網上大量圖片和自身的參與式觀察，足證現時郊野公園已經因為防疫垃圾遍佈山野而滿目瘡痍。

2020 年初疫情爆發，市民已經湧到郊區避「炎」，垃圾大量增加引

起社會關注。環境保護署在同年 9 月至 11 月舉辦「環保行山禮儀運動」，透過與非牟利團體合作，聘請了十多名環保大使於周末期間在一些熱門行山地點向市民宣傳「山海無痕」郊遊文化，除了「自己垃圾自己帶走」，還有「自備水樽以減少使用一次性塑膠產品」、「適當棄置口罩」等等。

郊野公園滿目瘡痍，反映港人劣性未改之餘，改善工作的擔子還在誰？香港浸會大學國際學院 2019 年 2 月發佈「香港市民對郊野公園之意見調查」結果，發現超過九成受訪者贊成香港需要保護郊野公園、接近九成認為郊野公園對香港作為一個宜居城市是非常重要或重要；然而，四成半受訪者表示對郊野公園的功能和價值的認識只是「一般」，表示「非常瞭解」或「瞭解」的不足三成。[18] 如果我們相信公民教育是重要途徑之一，有關當局從這裏可以看到重點和方向所在嗎？ 明瞭方向，就要人力資源去推行，那麼公共專業聯盟主席司馬文的觀察就值得注意：2021 年財政預算案提及用於郊野公園的五億元主要是關於改善硬件（例如豪華露營場地、燒烤場），但長期缺乏資源的是用於增添負責公園護理、保養和管理的人手。孰者對平衡郊野生態更為重要，不難設想。

另一方面，2020 年 6 月立法會環境事務委員會會議上有議員提醒漁護署，早在 2013 年就請求當局在郊野公園設立導賞團活動，卻一直只聞樓梯響。2021 年 2 月漁護署公佈去年山火燒毀郊野公園 900 公頃土地，面積較去年超過三倍，相等於 47 個維園有多；三年內有 65 宗山火，雖然絕大部分是人為失誤，但涉及在郊野公園範圍內用火或生火而遭檢控的合共只有 15 宗。「執法必嚴，違法必究」原則，也應該應用在保護大自然之上嗎？

18　綠色力量與浸大國際學院（2019）：「香港市民對郊野公園之意見調查」。https://www.greenpower.org.hk/html5/download/press/20190226_c.pdf，瀏覽日期：2021 年 5 月 5 日。

二

人樹共融？檢討發展局的樹木管理之道

與樹木共存事在人為

所謂十年樹木，但截至 2020 年 7 月第 6 屆立法會會期結束，其實「樹木法」在制度內被提出及爭取了超過 20 年。早在 1999 年，時任東區區議員王國興（屬工聯會）出任臨時市政局公眾衛生委員會副主席，在《文匯報》和《大公報》撰文表示自己提出及力爭多時的項目因市政局被取消而未能成功爭取，其中之一便是制訂法例保護樹木。多年來，立法會發展事務委員會幾乎每年都就樹木管理問題進行討論，議員在立法會會議上提出 20 條口頭及書面質詢，可惜「樹木法」依然遙遙無期。

2018 年，有立法會議員質詢特首林鄭月娥，究竟「樹木法」何時成事，特首說發展局對立法的態度仍為「審慎而開放」。林鄭月娥回應道：「……我亦需保護香港市民，所以在我們說人樹共融的時候，當人樹不能共融時，對唔住，一定是人的安全優先。」[1]

相對於 2018 年 2 月發展局給發展事務委員會的文件聲明「城市林木是寶貴資產，我們必須以通盤方式管理和護養樹木……讓城市林木更替和再生的同時亦保障公眾安全」，[2] 是事在人為的積極態度，特首的發言未免顯得不盡人意。其實，「樹木法」的原意也不過是希望可同時保障市民生命財產及確保樹木健康成長。「樹博士」詹志勇教授告訴大家，樹木不斷供給我們免費能源降溫、減少霧霾、吸走有毒氣體，而一棵古樹的

---

1 明報新聞網（2018）：《7 年前稱積極研究成立樹木法　林鄭：仍持審慎開放態度》，2018 年 5 月 24 日，https://bit.ly/3bTCels。瀏覽日期 2021 年 3 月 16 日。

2 香港特別行政區政府發展局（2018）：《香港的園境及樹木管理工作》，立法會 CB(1)608/17-18(04) 號文件，https://bit.ly/2TtTK5E。瀏覽日期 2020 年 7 月 23 日。

生態價值相等於幾百棵小樹。環境教育基金會主席鄧淑明博士也告訴大家，一棵成熟的樹可以每年抵銷 150,000 公升的水，對於像香港這種路面不能吸收雨水的熱帶城市來說尤其重要；一棵樹所產生的氧氣足夠供給四個人一天所需；一棵樹每年可吸收 22 公斤碳……，所以正確的生活態度理應是懂得跟植物相處之道，達致人樹共融。[3]

塌樹是自然現象難以避免？

港府的樹木管理工作每步走來都有血有淚 —— 毫不誇大，實實在在是市民的性命和淚水。2008 年赤柱塌樹壓斃一名香港大學女學生，引起大眾關注樹木保育。死因庭研訊之後，政府被提醒應該成立獨立部門處理樹木風險評估、完善各個管理樹木的部門的通報機制、加強培訓相關人員等等[4]。2010 年在時任發展局局長林鄭月娥管轄的綠化、園境及樹木管理組之下，終於成立了樹木管理辦事處（樹木辦）。但樹木辦既無法例賦權管理樹木，也沒有制定政策之權，只是擔當「協調」各個管理樹木的部門的小角色。

樹木辦成立之後不足三個月，一名男子在沙田圓洲角公園踏單車時遭突然倒塌的樹木擊中死亡。意外前不久樹木辦才對外公佈完成了巡查全港行人車輛高流量地點內的 98% 樹木，發現只有大約 2,000 棵樹需進一步檢查護理[5]，而當中並不包括悲劇中的那棵盾柱木。意外發生後，康文署表示一個月前曾以「目測」方法巡查該幅斜坡，樹木皆是健康無恙。然而長春社總監蘇國賢則表示，肇事的盾柱木樹齡十年，斷口處逾六成

3　鄧淑明（2017）:《與樹共融認識一草一木》，《香港聯合國教科文之友電子會訊》，https://bit.ly/35ExBYe。瀏覽日期 2020 年 7 月 23 日。

4　香港司法機構（2009）:《死因裁判官報告》，https://bit.ly/2G5ClrJ。瀏覽日期 2020 年 7 月 23 日。

5　東方日報（2010）:《全港二千問題樹地點拒公佈》，2010 年 6 月 10 日，https://bit.ly/37MuP5H。瀏覽日期 2020 年 7 月 23 日。

腐爛，有疏軟黑色物，疑被真菌侵蝕致死，相信已被侵蝕五年之久[6]。時任政務司司長唐英年要求各部門加緊樹木管理之餘也「勸慰」大眾「打風落雨塌樹係無可避免」[7]，令王國興議員憤斥：「最好大樹擊中唐英年，這樣政府先得到應有教訓。[8]」

2014 年，半山羅便臣道一幅私人屋苑斜坡有印度橡樹塌下，壓斃行人路上一位快將臨盆的婦人。詹志勇教授曾到場視察，發現樹木樹頭已霉爛發黑，真菌入侵嚴重，樹木弱化無力，導致樹頭折斷；那幅斜坡狹細，其實不可能容納該棵印度橡樹[9]。死因庭最後裁定事主死於意外，但同時指出缺乏法例規管私人地方管理樹木，建議政府就此立法；政府也必須為樹木作登記和定期保養，安排專業人士作風險評估；死因庭又建議設立註冊制度以確保業內人士有專業資格處理相關工作，並應增撥資源培訓更多人士成為註冊樹藝師[10]。

死因裁判官何俊堯慨言「用一條人命代價先有呢啲醒覺就太遲，代價亦太大」。可惜四年下來，當日死因庭的八大建議沒有多少得以落實，2018 年觀塘順利邨再次發生印度橡樹奪命慘劇，樹椏擊斃一名印傭。然後，跟圓洲角公園的事故相似，橡樹的管理者房屋署聲稱事發前兩個月才完成樹木檢查，未見異常；但詹志勇教授研判該樹木早已被真菌入侵腐蝕長達數月至一年之久。翌日《成報》社論一針見血：塌樹殺人「與其說是天災，倒不如說是人禍，是政府掉以輕心所致。」[11]

多年來政府拒絕就保護樹木立法的「關鍵」是樹木管理從業員人手

6　東方日報（2010）：《政府麻木又冧樹傷人》，2010 年 6 月 15 日，https://bit.ly/3kzwc-bL。瀏覽日期 2020 年 7 月 23 日。

7　唐英年（2010）：《政務司司長在沙田龍舟競賽後與傳媒的談話全文》，香港特別行政區政府新聞公報，https://bit.ly/3mqE0gk。瀏覽日期 2020 年 7 月 23 日。

8　太陽報（2010）：《王國興：最好大樹擊中唐英年》，2010 年 6 月 28 日，https://bit.ly/3e1io7g。瀏覽日期 2020 年 7 月 23 日。

9　明報（2014 年）：《專家：現場斜坡不應種大樹》，2014 年 8 月 14 日，https://bit.ly/34znoNx。瀏覽日期 2020 年 7 月 23 日。

10　香港司法機構（2017）：《死因裁判官報告》，https://bit.ly/3mtL3oG。瀏覽日期 2020 年 7 月 23 日。

11　社論（2018）：《塌樹殺人再現　政府當法官之言耳邊風　樹木保護承辦商良莠不齊》，《成報》，2018 年 8 月 22 日，A02 頁。

不足，2014 年時任發展局局長陳茂波和 2018 年的黃偉綸局長都以此為由解釋立法不可行。根據黃局長向立法會提供的數字，香港有紀錄的樹木約有 166.9 萬棵，而政府九大部門總共只有 468 名負責護養樹木的人員，當中又只得 137 人有樹藝師資格，即平均一名樹藝師要護養 1.2 萬棵樹 [12]。根據 2017 年香港樹藝、園藝及園境行業人力資源供應狀況的研究顯示，2018 年業界欠缺 2,530 名員工，而 2018-2020 年間每年約有 300 名具備本地樹木管理資格者可投身業界 [13]。粗略而言，要將發展局所謂的關鍵解開，需時大約八年 ──「百年樹人」只是一個比喻，不是真的必須一百年才可培育足夠人才管好十年樹木。2010 年樹木辦成立時，曾提出會以綜合方式管理樹木，「透過定期提供培訓、頒佈良好作業方法、進行相關研究和處理複雜個案等，藉此促使部門能更有效和專業地管理樹木 [14]」；2011 年政府宣傳片《人樹共融 綠滿家園》亦提及這願景：「樹會因為自然定律、隨環境而變化，所以我們要妥善管理樹木，處理好有危險的樹，讓人和樹都能好好共處。[15]」坐言起行，落實培訓人才的政策，從長遠來說不可或缺。

培訓養樹人才不過是有待改善的其中一環，2014 年的死因庭建議還包括政府必須為樹木登記。2018 年令關心人樹共融者唏噓的，除了順利邨慘劇之外，還有颱風「山竹」襲港期間發展局收到的 60,800 宗塌樹報告 [16]。倒塌的大多為「盆景樹」（即樹木底部根部短，生長範圍不足，不能有效抓緊泥土，以致露出正方形的盤根根部，受風能力弱），然而局方卻缺乏種植於花槽花盆或根部被蓋上混凝土的樹木的統計數字，實在難以

---

12 黃偉綸（2018）：《立法會八題：樹木管理》，香港特別行政區政府新聞公報，https://bit.ly/3mybmtB。瀏覽日期 2020 年 8 月 2 日。

13 黃偉綸（2018）：《立法會十九題：園藝業的發展》，香港特別行政區政府新聞公報，https://bit.ly/3mlXyT8。瀏覽日期 2020 年 8 月 2 日。

14 立法會發展事務委員會（2012）：《樹木管理辦事處工作進度報告》，立法會 CB(1)61/12-13(07)) 號文件，https://bit.ly/37Mm0ZL。瀏覽日期 2020 年 8 月 2 日。

15 政府新聞處（2011）：《人樹共融 綠滿家園》，Youtube, https://bit.ly/3jAHbAr。瀏覽日期 2020 年 8 月 2 日。

16 明報（2019）：《山竹塌樹揭港泥質欠佳 詹志勇倡改善種樹方法》，2019 年 6 月 24 日，https://bit.ly/2Jdo5nn。瀏覽日期 2020 年 8 月 2 日。

進行有效的樹木管理。

「山竹」過後，詹志勇教授估計倒樹超過 10 萬。他在網上收集市民提供逾 4,000 張塌樹相片，涉及超過 2,000 棵樹。其實 2017 年颱風「天鴿」已經「淘汰」了不少弱樹，僅一年之後再有大批樹木倒塌，它們生長環境的基本問題何等深重？蘇國賢也請大家注意市區種植的樹種多樣化問題：由政府部門管理的樹木約 70 萬棵，說是有大約五百多個品種，其實當中 20 個品種就佔了樹木數量約 49%；品種單一，萬一爆發蟲害或者疾病，會導致大量樹木生病甚至死亡 [17]。

問新加坡和東京：樹木與繁華對立嗎？

所謂樹木「管理」，遇到有風險的，港府一直偏好寧枉勿縱斬立決。樹藝師陳濤有這樣的表白：「在香港做樹藝師，多是劊子手。政府或業主叫我們斬就斬，叫我們用什麼字眼就用什麼字眼…… 一看見樹有洞窿，腐爛就斬，沒有想過可以先處理傷口。現在我們行業裏，一張指引單全勾上對號，就決定斬樹。」[18] 2015 年 8 月般含道四棵百年細葉榕慘被路政署砍殺，過程中反映政府部門之間權責不清、專業知識不足、對發展局的指引詮釋不一，連建制派智庫也不禁質問這種做法「是安全第一，還是快刀斬亂麻？」[19]

在保護樹木方面，新加坡值得借鏡。新加坡把樹木視為城市的一份子，為全市 50 萬棵樹打造專屬的「身份證」，國家公園局在 trees.sg 網站記錄樹籍資料，讓市民可以掌握樹木的位置、年齡及生長速度等數據。自 1975 年通過《公園及樹木法令》，規定保護樹木的要求及罰則，任何圍欄、護土牆、地基、沙井、喉管、電纜、管道或任何障礙物或構築物

17 余婉蘭（2020）：《樹在香港：此城前世今生，人不記得的，問問樹》，《端傳媒》，https://bit.ly/3ovO8Gp。瀏覽日期 2020 年 8 月 2 日。

18 余婉蘭（2020）：《我猜樹木也想放棄這城市：在香港，人與樹的六種觀念》，《端傳媒》，https://bit.ly/3jEE9Lb。瀏覽日期 2020 年 8 月 2 日。

19 智經研究中心（2015）：《古樹斷魂　樹木管理政策有錯嗎？》，《香港經濟日報》，2015 年 8 月 28，https://bit.ly/2HHWUA8。瀏覽日期 2020 年 8 月 2 日。

都不可以出現在古樹林蔭道路的綠化緩衝區。新加坡自立國以來便以發展成「花園城市」為願景,綠化與樹木管理是主導整個國家發展方向的國策。

除了新加坡,香港的政策制定者應該也很熟悉東京的經驗,因為相關資料就收錄在立法會的「資訊述要」;「資料研究組」的觀察亦很清晰:兩地都為樹木管理策略奠定法律基礎,在保育樹木工作上的態度亦很積極。[20] 東京都的建設局早在 1954 年就制定《東京都街路樹管理規程》,為護養樹木訂明了程序及標準規格;1972 年制定《東京都自然保護條例》(2009 年修訂),「保育地帶」和發展工地上的樹木都被受保護;2012 年起東京都政府一直致力種植大量品種繁多以及可以抵禦惡劣天氣的路旁樹木。不論在國家或地方層面,日本都有為古樹名木提供法定保護,例如 1962 年制定的《都市美觀景致保護樹木法》。

中國也有相似國策,全國適用的《城市綠化條例》為路旁樹木和古樹名木提供法定保護。北京有保護古樹名木的專門法例《北京市古樹名木保護管理條例》;廣州的《廣東省城市綠化條例(2014 年修正)》把樹木保護的相關條文納入其中。詹志勇教授曾戲言:「(香港)回歸至今(特區政府)不納樹木法。50 年之後,中國樹木法或者會在香港執行,希望唔好等到嗰日[21]。」

還有紐約、首爾、台北等大都市都有特別為保護樹木而定立的法例。回望香港,2019 年,政府在預算案建議投放兩億元設立城市林務發展基金,促進人才培訓,以配合在 2020 年年底推出的樹藝及園藝業《能力標準說明》,為日後引入樹木管理人員註冊制度鋪路[22]。現任局長黃偉綸主張在香港街道種植更多原生品種樹木,2018 年年底也終於有《街道選樹指南》出爐,但《指南》其實僅供政府部門選擇街道樹種時「參考」,

---

20　禤懷寶(2015):《新加坡及東京的樹木管理工作》,香港特別行政區立法會「資訊述要」,https://bit.ly/34zGnYj。瀏覽日期 2020 年 7 月 31 日。

21　同 21。

22　陳茂波(2019):《預算案演辭 —— 2019-20 年度財政預算案》,https://bit.ly/2JeGQ-XB。瀏覽日期 2020 年 8 月 2 日。

何不進階成為施政「指引」？長春社總幹事蘇國賢也期望《指南》資料的準確性能夠進一步改善（例如樹木源頭的苗圃供應）。即或如此，2011年立法會在沒有反對票之下通過的「原先樹木管理制度」議案，提出了五大範疇共 22 項工作，本文觸及的只是當中主要幾項；在「社區工作」（例如社區教育）、「完善綠化規劃」（例如增加法定規劃圖則中提供的綠化地帶）、「完善資源分配」（例如設立「專款專用」的保育基金），以及「加強可持續發展的研究」（例如透過研究種植開發綠色經濟）等範疇，[23] 10 年過去了，相信大家對當局的逐一跟進依然引頸以待。

23　香港特別行政區立法會（2011）：《會議過程正式記錄》，2011 年 6 月 16 日，頁 8659-8699。https://www.legco.gov.hk/yr10-11/chinese/counmtg/hansard/cm0616-trans-late-c.pdf。瀏覽日期 2020 年 8 月 2 日。

三
「圈養」之外？海洋公園與海洋生物保育

　　2020 年初香港海洋公園向政府提交了「全新定位策略發展計劃」建議書，向立法會申請撥款 106.4 億元資助公園的新發展計劃，將之重新定位，利用保育和大自然元素發展生態旅遊。到 2020 年 5 月中又突然宣佈公園可能在一個月後倒閉，向立法會申請 54 億元「救亡」，改口說是關乎「香港人的集體回憶」、「2,000 個員工的生計」和「7,500 多個動物的福祉」[1]，最終立法會財委會在月底通過申請。為公園爭取撥款的商務及經濟發展局局長邱騰華聲稱「相信沒有人希望海洋公園倒閉」[2]，但香港研究協會的民意調查結果卻顯示近五成市民反對撥款申請[3]。

　　海洋公園的困境固然不是邱騰華所謂的「疫情及經濟低迷」犧牲者[4]，已經有很多合理的輿論指出其經營不善之處。我們關心的是作為一個以保護自然環境、推廣生物保育為名的非牟利機構，四十多年來其實帶來了什麼利與弊？

圈養動物的悲劇

　　香港中文大學學者陳燕遐曾經直陳海洋公園的兩大弊病：一、園方從不披露海洋生物的來源，公眾無從得知牠們是否來自不人道的捕獵買

1　明報（2020）：《倘倒閉 2,000 人失業　7,500 隻動物權益堪憂》，2020 年 5 月 12 日，https://bit.ly/35jhkc7。瀏覽日期：2020 年 11 月 11 日。

2　香港電台中文新聞（2020）：《邱騰華稱無人希望海洋公園倒閉　注資值得亦有需要》，2020 年 1 月 19 日，https://bit.ly/2JXKXYr。瀏覽日期：2020 年 11 月 11 日。

3　香港研究協會（2020）：《市民對海洋公園營運的意見調查》，2020 年 5 月 14 日，https://bit.ly/3kqlVwA。瀏覽日期：2020 年 11 月 11 日。

4　明報（2020）：《邱騰華：不希望海洋公園成疫情及經濟低迷下首個犧牲者》，2020 年 5 月 16 日，https://bit.ly/3eMlVWa。瀏覽日期：2020 年 11 月 11 日。

賣；二、近年公園出現大量動物死亡事件，管方都拒絕透露死亡動物的品種以至具體死亡原因，只稱為「自然死亡」[5]。看看《香港01》整理的資料：2013 年有六條鎚頭鯊因吸入過量臭氧離世，五歲的小熊貓栗子毫無徵兆地倒下死亡；2014 年「海洋奇觀」兩個小型魚缸的含氧量低，導致 61 條魚缺氧窒息死亡；2015 年一隻一歲斑海豹因被困於吸水管口意外死亡……[6]。關注者批評海洋公園的動物死亡通報機制不善，沒有主動公佈，都靠傳媒主動查詢才得知一二[7]。

2013 年紀錄片《黑鯨 Blackfish》記錄雄性殺人鯨 Tilikum 悲慘的一生，揭露一些海洋樂園華麗背後的黑暗事跡。自紀錄片上映後，美國組織 Empty the Tanks 號召全球各地的團體發起一年一度的國際反圈養及反鯨豚表演行動。2019 年國際反圈養日已經有超過 60 個地區響應[8]，至少有 18 個國家立法逐步淘汰繁殖和圈養海豚及其他動物，很多水族館亦自發取締館內的動物表演項目[9]。香港動物保護組織多年來亦有響應活動，要求香港海洋公園落實「零表演」、「零囚禁」和「陽光政策」，可惜園方非但沒有跟隨國際做法取消「海洋劇場」，更為應付大量遊客而加開表演場次。

海洋樂園的動物表演歷史悠久。上世紀 70 年代，很多商人看中殺人鯨表演帶來商機，開始捕捉殺人鯨再販賣給不同的海洋樂園。1976 年美國華盛頓州禁止捕鯨，這些商人轉向冰島繼續捕捉殺人鯨，香港海洋公園的「鎮園之寶」雌性殺人鯨「海威」便是來自冰島[10]。「海威」1975 年

5　陳燕遐（2018）：《猿猴能說話嗎？西西的另類動物書寫》，《「牠」者再定義：人與動物關係的轉變》，香港：三聯書店。

6　張雅婷（2018）：《圈養動物掀爭議　海洋公園動物死亡曾涉人為因素》，香港 01，2018 年 5 月 7 日，https://bit.ly/36rZJOq。瀏覽日期：2020 年 11 月 11 日。

7　劉軒（2013）：《動保團體倡海洋公園行陽光政策》，獨立媒體，2013 年 9 月 17 日，https://bit.ly/2K0alNj。瀏覽日期：2020 年 11 月 11 日。

8　李娉婷（2019）：《被圈養的鯨豚疾病纏身　香港動團響應 Empty the Tanks》，動物友善，2019 年 5 月 15 日，https://bit.ly/35lbVBA。瀏覽日期：2020 年 11 月 11 日。

9　豚聚一家（2018）：《【Empty the Tanks 2018】釋放海豚！反對 3.1 億海洋公園撥款！》，獨立媒體，2018 年 5 月 12 日，https://bit.ly/2GNRqUs。瀏覽日期：2020 年 11 月 11 日。

10　Cowperthwaite, G. (Director). (2013): *Blackfish* [Documentary Film], CNN Films.

生於冰島，1979 年被送到這裏開始表演生涯，最擅長表演「凌空飛身頂球」。Facebook 網頁「舊時香港」引述數據，指「海威」生前每日表演三場，每星期 20 場，18 年間有超過 5,600 萬名觀眾人次欣賞過[11]。野外的雄性殺人鯨普遍能活到 60 至 80 歲，雌性的甚至能活到 90 歲[12]，而我們的「海威」1997 年死亡時只有 22 歲。

　　動物學專家指出被圈養的動物因為要面對活動空間受限、天然環境條件改變和食物缺乏多樣性等問題，加上被強迫接受表演訓練，容易出現身心異常情況[13]。2013 年雌性印度太平洋樽鼻海豚 Pinky 撞向池邊再翻身直插池底的行為，被攝影片在網路流傳，有專家認為 Pinky 精神受壓而出現自殘行為，但海洋公園卻予以否認，聲稱 Pinky 只是一時「貪玩」[14]。南韓喜劇《超「人」氣動物園》的故事發生在面臨倒閉危機的動物園，一班員工為了「救亡」，假扮動物進行表演吸引遊客。扮演北極熊的園長說：「我好想休息，但那兩個人一直盯着我看，我想動物會生病也是有理由的。」[15]也許海洋公園的高層也可以試試易地而處，感受動物平日可能遭受到的壓力。

在保育危機中沉默的海洋公園

　　美國生態保育之父 Aldo Leopold 說：「一件事情如果傾向於保存生物社群的完整、穩定和美，那就是對的，否則就是錯的。」生物保育的焦點應放在對整個生態系統的保護。填海會為海洋生態帶來巨大傷害是不爭事實，同年 1 月中國國家海洋局展開了「海洋生態保衛戰」，對嚴重

11　舊時香港（2015）：《殺人鯨「海威」曾是海洋公園的象徵》，*Facebook*，2015 年 1 月 21 日，https://bit.ly/2GSYOy2 。瀏覽日期：2020 年 11 月 11 日。

12　Daly, N. (2019): Orcas don't do well in captivity. Here's why, National Geographic, March 25, https://on.natgeo.com/2lfAebn (accessed date: November 11, 2020).

13　彭仁隆（2005）：《圈養野生動物的倫理爭議──從動物園的存在價值談起》，關懷生命協會，2005 年 1 月 1 日，https://bit.ly/3eKPJxp。瀏覽日期：2020 年 11 月 11 日。

14　豚聚一家（2019）：《小海豚 Cleo 離世，海洋公園不會告訴你的五件事》，獨立媒體，2019 年 4 月 29 日，https://bit.ly/3ko1gKu 。瀏覽日期：2020 年 11 月 11 日。

15　孫在坤（2020）：《超「人」氣動物園［電影］》，About Film, DCG Plus.

破壞海洋生態環境，非涉及國計民生，以及用於商業地產開發的填海工程，提出了被當地媒體稱為「史上最嚴圍填海管控措施」。廣東省珠江三角洲內多個城市的填海項目，例如珠海橫琴南部、中山市翠亨新區、東莞長安新區等，都先後被海洋局要求停工[16]。

香港海洋公園重新定位，表示會加強於環境保護、生物保育的角色，但對香港因大型基建及填海工程對海洋生態環境及當中的海洋生物造成的影響卻保持沉默。作為香港的「原居民」、香港回歸吉祥物的中華白海豚，近年因為多項大型基建一直被逼遷（例如港珠澳大橋、機場第三跑道），棲息環境隨着城市擴展而不斷萎縮。根據漁農自然護理署（漁護署）的調查，港珠澳大橋在 2009 年動工時香港有 88 條中華白海豚。一年後有 13 條死去。漁護署 2020 年公佈的《海洋哺乳類動物監察報告》透露，中華白海豚數目急劇下降至剩下 32 條，比 2017-2018 年度下跌 32%，創歷史新低[17]。中華白海豚面臨「有史以來最嚴峻的生存危機」，海洋公園有沒有代其發聲，向政府提出「救亡」方案？

海洋保護區是拯救海洋生態和保護生物多樣性的重要途徑。全球有近三分之二的面積是海洋，卻沒有多少處能免於人類活動騷擾，更避不開全球變暖和海洋酸化的潛在影響。早在 2000 年科學家就為了保護生物多樣性呼籲保護全球最少 30% 的海洋，2003 年世界公園大會（World Park Congress）提出要在 2012 年最少做到 20% 至 30% 的海洋受到嚴格保護。可惜因為政治因素，2010 年的聯合國《生物多樣性公約》定下保護全球海岸與海洋面積的目標是 10% 而已。更令人沮喪的是，截至 2020 年 4 月 12 日全球只有 7.43% 的海域被劃為保護地，連 10% 的目標也落空[18]。

目前香港只有五個海岸公園和一個海岸保護區，後者僅佔水域面積

---

16 跨境環保關注協會（2018）：《國家叫停 ── 大灣區 5 填海項目》，《明報》，2018 年 10 月 14 日，https://bit.ly/3pbarS6。瀏覽日期：2020 年 11 月 11 日。

17 漁農自然護理署（2020）：《海洋哺乳類動物監察報告（2019-20）》，https://bit.ly/2JR4uJP。瀏覽日期：2020 年 11 月 11 日。

18 孔令鈺（2020）：《後 2020 海洋生物多樣性保護：知易行難的「30%」》，中外對話，2020 年 5 月 13 日，https://bit.ly/3lz6LYI。瀏覽日期：2020 年 11 月 11 日。

約 2%[19]，遠低於《生物多樣性公約》定下 10% 的國際標準。其實香港有不少具生態價值的海岸，海洋生物物種也十分豐富。2016 年香港大學生物科學學院及太古海洋科學研究所花了一年半時間進行全港首個海洋生物多樣性研究，發現香港有近 6,000 種海洋生物。雖然香港海洋面積只佔中國的 0.03%，但海洋生物物種卻佔全中國的 25%；當中珊瑚品種有 84 種，比加勒比海還要多[20]。

　　2017 年 WWF 香港分會委託香港中文大學李福善海洋科學研究中心進行研究，檢討香港的海洋保護區成效，發現政府多年來未有提供海洋保護區的全面數據，又以「機密資料」為由拒絕環保組織索取數據，缺乏長期及連續的數據監測保育成效[21]。同年 WWF 就香港海岸健康向政府提出建議，值得深思：在三年後把香港 10% 的水域劃作海洋保護區以保護海洋生態和物種，2030 年前將保護區的面積擴大至 30% 的水域，並為所有海洋生態熱點，制定一份具清晰目標和時間表的保育方案。[22] 生存環境得到保護，海洋生物才會得到保育。

19　漁農自然護理署（2019）:《新海岸公園漁業管理策略》，立法會 CB(1)138/19-20(03)
　　號文件，https://bit.ly/36KynUe。瀏覽日期：2020 年 11 月 11 日。

20　香港大學（2016）:《本港歷來首個海洋生物多樣性全面研究指出　香港錄得全國逾四分
　　之一的海洋物種》，2016 年 12 月 29 日，https://bit.ly/2Usf38k。瀏覽日期：2020 年
　　11 月 11 日。

21　東方日報（2017）:《海洋保護區設立 20 年　魚量不增珊瑚慘死》，2017 年 6 月 8 日，
　　https://bit.ly/32PBZTx 。瀏覽日期：2020 年 11 月 11 日。

22　世界自然基金會（2017）:《香港海岸健康報告》，香港：世界自然基金會香港分會。

四
港產野生動物的不幸[1]

2019 年 2 月 7 日豬年大年初三晚，四頭黃牛闖入梅窩一家超市覓食生果[2]，有在場顧客拍下當刻情景，上傳社交網站。不過對於如此「奇景」，普羅網民並沒有哄鬧一番，反而紛紛留言請超市職員不要報警，擔心漁護署派人到場捉牛[3]── 或許大家都不忍牠們隨同年初一那兩頭大埔黃牛的後塵，「因麻醉藥物產生不良反應」而命喪漁農自然護理署動物管理中心[4]。野生或放野／流浪動物一旦被漁護署捕捉或接收，下場是不是都「九死一生」？2017 年平均每日約有七頭動物被漁護署「人道毀滅」[5]。

都市化後的人道與冷酷

今日香港，愈來愈多事情都會被推託為「土地問題」：人口增加，房屋不足，不夠土地，要擴展城市，增設大型工程機建，填海造地，徵收農田，發展郊野公園邊陲，開拓商機⋯⋯。我們理解，城市需要發展，便需要更多土地。可是從最近野生動物如黃牛、野豬、野鴿都佔據了報章和電視報道的大片篇幅便可得知，都市化介入了本來屬於牠們的生活範圍，令牠們的棲息地和食物減少，或者受到破壞；有的被迫走近人居，

1　本文初稿原登載於《眾新聞》，2019 年 2 月 14 日，https://bit.ly/2J7pNXF；目前版本經修訂補充。第一作者是陸詠鑾，現任香港公開大學李嘉誠專業進修學院課程主任。

2　明報（2019）：《黃牛闖超市　食水果大餐》，2019 年 2 月 8 日，https://bit.ly/2Jcal-Ud。瀏覽日期 2020 年 11 月 24 日。

3　香港 01（2019）：《三黃牛闖梅窩超市開餐　百佳：已銷毀水果及報警》，2019 年 2 月 8 日，https://bit.ly/39dWnSg。瀏覽日期 2020 年 11 月 24 日。

4　星島日報（2019）：《野牛闖吐露港公路被漁護署打麻醉針　返狗房後離奇死亡》，2019 年 2 月 6 日，https://bit.ly/2Hz0rRR。瀏覽日期 2020 年 11 月 24 日。

5　蘋果日報（2018）：《送漁署死路一條？去年「啪」1,400 隻狗》，2018 年 2 月 17 日，https://bit.ly/2Hz0AET。瀏覽日期 2020 年 11 月 24 日。

令人類和動物對峙的機會日益增加。更不幸的是,城中還有一些達官貴人會認為「野豬不守交通規則」[6]、「港珠澳大橋建成後對保護白海豚棲息環境更加有利」[7],提出「引入野豬天敵」[8]、「送野豬入孤島」、「使用聲學驅趕中華白海豚」等言論,依靠驅趕、隔絕去處理動物與人類的關係,這種思維模式頗為陳舊,亦顯自私。等而下之,執法部門對保護動物缺乏知識,往往弄巧反拙,出現機電工程署在中環安裝鳥刺防止雀鳥聚集,但反令白鴿被困[9],讓人啼笑皆非。

漁護署在官方網站上亦承認這都是都市發展之過,並聲稱「政府對自然環境的保護日益關注,並透過立法及有關部門的行動進行保護野生動物工作」[10]。不幸的是香港有關保障動物權益的法例其實都差於同儕——《防止殘酷對待動物條例》[11]和《野生動物保護條例》[12]分別是 1935 年和 1976 年的舊物,今天看來內容既鬆散又不合時宜,遠遠落後於其他先進國家和地區。香港大學法律系學者 Amanda Whitfort 數年前發表的研究報告透露,跟動物權益有關的法例整理出來有超過十條,涉及的政府部門有三、四個之多,但條文混淆不清,即使負責執法的機構亦不能確定哪一條法例適用於哪些特定的情況,或是應該如何詮釋該等法律[13]。

6　蘋果日報(2019):《葉劉怪責野豬不守交通規則》,2019 年 1 月 29 日,https://bit.ly/2UZwkGo。瀏覽日期 2020 年 11 月 24 日。

7　立場新聞(2018):《陸媒引設計師:白海豚數目不減反增　大橋建成有利保育》,2018 年 10 月 22 日,https://bit.ly/2V0g9bC。瀏覽日期 2020 年 11 月 24 日。

8　立場新聞(2019):《憂野豬為患　劉業強提出引入「野豬天敵」》,2019 年 1 月 10 日,https://bit.ly/2Kw4DCQ。瀏覽日期 2020 年 11 月 24 日。

9　明報(2019):《稱居民投訴到處雀屎　機電署半山天橋裝「鳥刺」 多隻白鴿受困》,2019 年 1 月 12 日,https://bit.ly/3pYV5k3。瀏覽日期 2020 年 11 月 24 日。

10　漁農自然護理署(2006 -2020):《本港受保護野生動物》,香港特別行政區政府漁農自然護理署,https://bit.ly/33fJh3o。瀏覽日期 2020 年 11 月 25 日。

11　電子版香港法例(2020):《第 169 章〈防止殘酷對待動物條例〉》,香港特別行政區政府律政司,https://bit.ly/2V1CXle。瀏覽日期 2020 年 11 月 25 日。

12　電子版香港法例(2020):《第 170 章〈野生動物保護條例〉》,香港特別行政區政府律政司,https://bit.ly/33dbfNa。瀏覽日期 2020 年 11 月 25 日。

13　香港大學新聞稿(2013):《港大研究報告指出 香港法律對受威脅動植物保護嚴重不足兼過時》,2013 年 9 月 17 日,https://bit.ly/374crU0 。瀏覽日期 2020 年 11 月 25 日。

維護動物權益和福利：東亞經驗

看看歐美國家，動物保護已經不僅在於防止「虐待」，更是提升到講求維護動物權益和福利的層次，例如立法規定照顧、保護動物的責任等等。即使是亞洲鄰近地區亦有很多值得我們參考之處，包括那些在都市化情況和文化背景相近的：

- 台灣有《野生動物保育法》[14]，騷擾、獵捕等行為都是不容許的（原住民族有一些豁免）；為保育野生動物，也設置了保育警察。2017 年通過的《動物保護法》，包含了設置動物收容處所及專任動物保護檢查員，更把動物倫理與動物保護法規相關內容納入學校課程當中。

- 新加坡設有由議員、社會領袖、動物福利組織和獸醫組成的動物福利法例檢討委員會，為改進動物權益提供與時並進的建議，2014 年建議並於議會通過了動物保護新法例，並賦予執法部門調查權力[15]。

- 日本在一百年前已經有《野生動物保護和獵捕法》，經多次修訂。20 年前的一次修訂訂立了野生動物的管理規劃系統，對管理牠們的數量的長遠規劃，尤其具體。

- 南韓有兩點跟日本相似：都是由環境部負責照顧野生動物，也對野生動物的物種數量和相關資訊有系統性掌握。2012 年訂立的《生物多樣性的保育和利用法》規定相關的策略性行動規劃要每五年更新一次；上面提及每年有數以千計的動物被本港漁護署人道毀滅，他們也許有興趣知道分佈在南韓全國各地的 11 個動物

14　全國法規資料庫（2020）：《動物保護法》，中華民國法務部全國法規資料庫工作小組，https://bit.ly/398PD8m。瀏覽日期 2020 年 11 月 25 日。

15　Audrey Tan (2014), "4 Things to Know about the New Law on Improving Animal Welfare in Singapore". *The Straits Times*, Singapore: 06 Nov, https://bit.ly/2V1ud4A (accessed date: November 25, 2020).

拯救中心，平均每年拯救和治療了超過六千頭野生動物[16]。

世界動物保護協會（World Animal Protection）在 2014 年公佈了一項動物保護指數（Animal Protection Index）[17]，統計聯合國糧農組織年報中的 50 個國家，評核它們於五項保護動物主題中的得分，包括：（一）動物保護法的認受和實施（Recognising animal protection），例如禁止殘害與保護不同類別的物種，以及動物保護是否對該國來說是一項重要社會價值；（二）政府在動物保護的責任，以及投放的資源去改善動物權利（Governance structures and systems）；（三）動物福利法例是否達到國際標準，政府有否定期發表動物保育報告（Animal welfare standards）；（四）有否提供關於動物照顧及保護的中、小學國民教育（Providing humane education）；以及（五）政府與業界代表及動物福利組織在動物保護議題上的溝通和協作（Promoting communication and awareness）。每項評級由 A 至 G 共七級，亞洲地區總得分最高的是評為 C 的印度、馬來西亞和菲律賓，之後是評為 D 的日本和南韓，中國是 E 級[18]。港府會參考當中的指標去改善香港的保護動物法規和動物權益嗎？

捕殺、「人道毀滅」是笨方法

其實近年關於動物權益的議題、聲音愈來愈多、愈大，但社會上不少人士可能依然認為動物權益只是一些愛貓愛狗之輩的優悠小眾關懷。需知道近年隨着許多新興的動物疾病蔓延全球，如禽流感、豬流感，還有當年肆虐本港的沙士，都是因為人類多年來破壞環境，令生態變化，以及全球畜牧工業化而造成。看看中環街市聚集的野鴿群，不但造成環境衛生問題，亦有傳播疾病的風險。動物已不單是寵物飼養者關心的

16　World Animal Protection (2020), "Animal Protection Index: Korea", https://bit.ly/39cLL6j (accessed date: November 25, 2020).

17　World Animal Protection (2014), "Animal Protection Index: Methodology", https://bit.ly/2JelhpR (accessed date: November 25, 2020).

18　世界動物保護協會在 2020 年公佈了第二版的動物保護指數 (API)，修訂了多項指標，而菲律賓和日本的最新評級下跌為 D 和 E。

事，更應提升為公共議題，重視生態和野生動物保育實在是世界趨勢。南韓早在 2012 年已經制訂「野生動物疾病控制的中長期規劃」，作出系統性管理，地方政府和環保辦公室都認真監察野生動物不被不當捕宰，2020 年更進行重新調整。

世界衛生組織和世界動物衛生組織的研究都證明捕殺、「人道毀滅」放野 / 流浪動物對控制牠們的數量是效用低成本高的笨方法。港府應該當機立斷，訂立、更新、整理更切合文明社會的野生動物保護法規，教育市民對自然生態應有的尊重和關懷，建立一個都市人和野生、無主動物共存的環境。

一 綠色生活：衣食住行

都市人特別多病，近年有一種病叫「生態憂慮症」，因為過度擔憂氣候變化帶來的影響而引起。

也許我們可以考慮從自己日常生活中的衣、食、住、行開始改變，以個人行動進行「治療」？問題是，政府有沒有、怎樣支援我們的「治療」行動？

一

無痛之痛：速食時裝「斷捨離」有多偽善？

留家防疫時期，不少朋友善用時間執拾家居。這世代經歷過「速食時裝」的巔峰歲月，衣櫥可能是經常有待整理的地方之一。2017 年綠色和平發表的《狂歡之後：國際時尚消費調查報告》透露，無論是歐洲的德國和意大利，或者中國大陸、香港、台灣等地區，均有超過五成受訪者表示擁有多於實際需要的東西。香港的情況更是「名列前茅」：近七成受訪者承認自己擁有的衣服比需要的多，超過五成人擁有未剪招牌的新衣裳[1]，2018 年地球之友掌握的數據是：香港人每年平均花 7,000 港元買衣服，四成人僅穿一次便丟棄，兩成人最少有三件只穿過一次的衣服被丟掉[2]。

「斷捨離」虛有其表？

談到衣物收納，自然會提到由日本興起的「斷捨離」。香港中文大學日本研究學者張政遠將「斷捨離」思潮概括為三種蛻變：先是 2000 年日本社會觀察家辰巳渚出版《丟棄的藝術》一書，叫人扔掉物品；之後是 2009 年山下英子提出「斷捨離」概念，即「斷絕不需要的東西，捨去多餘的事物，脫離對物品的執着」，不止講丟棄，也講精神上要脫離物質的束縛；最後是 2010 年最為人熟悉的近藤麻理惠所強調「怦然心動法則」

1　綠色和平（2017）:《「愈買愈寂寞，唔買唔安樂」——港人沉迷購物全球「名列前茅」》，2017 年 5 月 8 日，https://bit.ly/3nCl263 。瀏覽日期：2020 年 11 月 18 日。

2　東方日報（2019）:《東網透視：4 成回收衣質量差變垃圾　環團籲網購前三思》，2019 年 12 月 21 日，https://bit.ly/2lD6RA1 。瀏覽日期：2020 年 11 月 18 日。

（Sparks Joy）收納技巧[3]。

近藤麻理惠藉去年出演 Netflix 真人秀《怦然心動的人生整理魔法》（Tidying Up with Marie Kondo），將「斷捨離」思潮推向國際社會；「怦然心動法則」成為潮語，吸引大量「信徒」，認為「斷捨離」是醫治過度購物的良藥。真人秀播出後，美國二手慈善商店「Goodwill」收到的捐贈物品增加了 66%，澳洲的垃圾處理當局甚至作出警告，要市民不要大量拋棄家中物品[4]。

然而，瑞典斯德哥爾摩大學的 Carl Cederström 卻認為「麻理惠為我們丟棄物品提供了一張道德通行證，如此一來，我們不再為丟掉物品而感到內疚和自責。[5]」很多人「講」斷捨離，儀式化「捨」棄舊物，但不是很多人可以「斷離」購買的慾望。半桶水的斷捨離，更可能成為糖衣毒藥，讓人容易忘記棄置背後的真正代價，跌進消費主義的黑洞中。

從 1995-2017 年的消費品價格變化數據上看到，服裝價格上漲的速度比其他消費品的升幅緩慢，發達國家如美國和英國更呈現負增長，愈賣愈平[6]。過往一年兩季的時裝變成一年 52 季，大量新衣服無限供應。單是 ZARA 每年就生產超過四億件單品，四萬多種款式的服飾[7]。麥肯錫報告透露，全球服裝產量在 2000-2017 年增加一倍，普通消費者年均購買衣服的數量增加了 60%。無論是哪一類服飾，壽命都比 15 年前短了一半，很多衣物穿了幾次就丟棄；更誇張的是很多消費者把廉價的衣物視為一次性用品，用完即棄[8]。

3　黃愛琴（2019）:《斷捨離醫治物慾　年輕人轉向後物質》,《信報財經月刊》,2019 年 5 月 29 日,https://bit.ly/38R9xVh。瀏覽日期：2020 年 11 月 18 日。

4　同 3。

5　盧偉文（2019）:《【怦然心動】近藤麻理惠自創收納法則　為何美國人會受落？》,《香港 01》,2019 年 4 月 20 日,https://bit.ly/32SVcUt。瀏覽日期：2020 年 11 月 18 日。

6　McKinsey China (2017):《酷炫且環保：時尚行業的全新發展範式》, McKinsey & Company, 2017 年 11 月 14 日, https://bit.ly/38V7vTX。瀏覽日期：2020 年 11 月 18 日。

7　謝易軒（2019）:《台灣每一分鐘丟掉 9.9 件衣服：平價時尚「穿一次就回本」的真相》, About Fashion, 2019 年 12 月 19 日, https://bit.ly/3f6CkpW。瀏覽日期：2020 年 11 月 18 日。

8　同 6。

　　當衣服成為一次性用品，可以想像它的棄置量是何其龐大。單是香港的紡織物棄置量便由 2014 年的 107,000 公噸大幅上升至 2018 年的143,000 公噸，升幅超過 3 成[9]。紀錄片 *The True Cost* 指出，全球每年生產超過 800 億件衣服[10]，麥肯錫報告估算一年後將有 480 億件（即 60%）被送到垃圾焚化爐或者棄置在堆填區。

物慾「斷捨離」

　　「速食時裝」對環境的衝擊當然不只是在營銷之後，其實是早在生產過程當中：製衣業是全球第二大污染產業，僅次於石油業，其碳排放量佔全球 10%。被丟棄的衣物由製造、運輸、零售等過程，到最後被棄置之前，已經為環境造成極大痛楚。全球化監察發佈有關製衣業如何影響環境的報告，引述孟加拉生產一公斤布料的用水，相當於兩個人一天所需的總水量，耗水量嚇人。水污染問題也很嚴重，英國《衛報》報道，近兩成的水污染是由紡織業製衣過程使用的有害和有毒化學品、染料和清潔劑所造成。在中國，近七成的湖泊或河流受到污染，其中大部分來自製衣業[11]。

　　還有有血有肉的勞工權益：2013 年 2 月 24 日，孟加拉 Rana Plaza 工廠大樓倒塌，造成 1,100 多人喪生，2,500 多人受傷，是史上最嚴重工業災難之一。死傷者當中大部分是製衣廠工人，因為製衣廠主管罔顧大樓緊急疏散警告，堅持工人要繼續工作，為大家生產平價時裝。一班設計師、學者、作家、商界等關注人士組成時尚革命（Fashion Revolution），把每年 4 月 24 日定為「時尚革命日」，致力改革時裝產業對社會及環境

9　黃錦星（2020）：《立法會十三題：減少、回收及循環再造廢紡織物》，香港特別行政區政府新聞公報，https://bit.ly/36Ji8Xf。瀏覽日期：2020 年 11 月 18 日。

10　Morgan, A. (2015): *The True Cost* [Documentary], Untold Creative & Life is My Movie Entertainment.

11　全球化監察（2018）：《速食時裝：製衣業如何影響環境》，https://bit.ly/2Uz5MeO。瀏覽日期：2020 年 11 月 18 日。

帶來的負面影響[12]。

衣物回收成效不大

面對大量的紡織物廢料，衣物回收會是解決方法之一嗎？可惜根據 Global Fashion Agenda 在 2017 年的報告，全球只有 20% 的廢棄衣物被回收再用[13]。這方面表現出色的德國可以回收國內近 75% 的舊衣物，當中有一半可以重用、25% 可以循環再用。其他國家的回收率普遍偏低：英國、美國和日本分別為 16%、15% 和 12%；中國只有 10%[14]；香港根本沒有完善的舊衣回收系統，情況差得很。

2020 年 3 月環境局局長黃錦星書面回覆立法會議員提問時透露，2014–2018 年紡織物廢料的回收率由 3.8% 微升至 4.3%，但在此之前的 2011 年，香港的回收率有 12%。雖然仍然比不上英國和美國的回收率，但遠勝後來。

香港政府對舊衣回收的資助少之有少，「十億元的回收基金」最終只批出資助兩個有關舊衣物回收的項目，金額約為港幣 438 萬元。政府從不否認未有任何政策推動舊衣回收 —— 黃局長的書面答覆是：「本港產生的都市固體廢物當中，廚餘、廢紙和廢塑膠已佔總量超過百分之七十五。政府的減廢策略是投放較多資源去減少生產量較大的廢棄物。[15]」所以，紡織物廢料並不在減廢策略當中。

地球之友提醒，市民大眾其實也免不了慚愧：在回收衣物中，有四成因質量太差而無法循環再造或轉贈，最終只能棄置在堆填區[16]。也有不

12　Young, S. (2020): Fashion Revolution Week: What Was The Rana Plaza Disaster And Why Did It Happen?, *Independent*, April 23, https://bit.ly/2KkAhDI (accessed date: November 18, 2020).

13　Global Fashion Agenda (2017): Pulse of the fashion industry 2017, https://bit.ly/3pC-GWsL (accessed date: November 18, 2020).

14　同 6。

15　同 6。

16　同 2。

少朋友會選擇把舊衣捐贈到慈善團體，說是轉送至有需要的人士身上，延續它的生命云云。調查透露全球平均有 37% 消費者傾向將衣物捐贈，香港更是亞洲第一，超過四成消費者有此類「捐贈文化」，比東京和上海為高 [17]。但研發紡織品循環再造系統的龍達紡織主席曹惠婷說：「好多人捐，但好多地區不收，說是不要『垃圾』」[18]。

讓我們了解一下非洲國家的故事：一些致力改善迦納的二手衣物問題的非營利組織發現，每年進入首都阿克拉的 30,000 噸衣物中，有四成會直接進入了垃圾場 [19]。這些二手衣物不單增加這些國家的垃圾量，影響環境，更破壞當地的製造業發展，影響國家經濟和產業升級的空間。2017 年東非共同體進口 1.51 億美元的二手衣物，導致非洲本土工業生產下降 40%，就業率更下降 50%。盧旺達自 2016 年起便向二手衣物徵收 1,250% 的關稅，希望透過關稅壁壘阻擋二手衣物進口。其後其他非洲國家如肯亞、坦桑尼亞、烏干達和盧旺達等國更向二手衣物發出禁令，逐步減少進口，期望在 2019 年前開始徹底封殺二手衣物 [20]。雖然禁令最後因為美國的強硬阻力致使當中多國退讓，撤回禁令，但是二手衣物對非洲國家的影響已然是不容否認或忽視的難題。

對紡織廢物說不的，還有中國。環保部、商務部、發改委、海關總署和質檢總局於 2017 年 8 月聯合發佈對《禁止進口固體廢物目錄》的新修訂，把廢紡織原料如廢棉、廢布等列入禁止進口項目，並於同年 12 月 31 日正式執行，違法將判以走私罪；翌年 8 月便有「走私廢物罪」的案例：六名台灣人涉嫌從南韓走私近 1,300 噸舊衣服進口中國大陸，被福建省漳州市法院判決罪名成立，處罰有期徒刑兩年到六年六個月不等 [21]。當

17　張美華（2018）：《64% 港人支持可持續服裝　僅 8% 願意付更高價購買》，香港 01，2018 年 8 月 20 日，https://bit.ly/2Hb5uaO 。瀏覽日期：2020 年 11 月 18 日。

18　歐慧兒（2019）：《舊衣還原再生「垃圾」變寶》，《明報》，2019 年 10 月 22 日，https://bit.ly/3f6Han6。瀏覽日期：2020 年 11 月 18 日。

19　Dead White Man's Clothes https://deadwhitemansclothes.org/intro.

20　轉角國際（2018）：《東非着衣：盧安達與川普的「二手衣戰爭」》，聯合新聞網，2018 年 5 月 31 日，https://bit.ly/3kLbtRf 。瀏覽日期：2020 年 11 月 18 日。

21　新華網（2018）：《走私洋垃圾近 1,300 噸 6 名台籍被告人被判刑》，2018 年 8 月 8 日，https://bit.ly/3pFUwvi。瀏覽日期：2020 年 11 月 18 日。

中國、非洲多國拒絕接收二手衣物，我們應該認識到當回收的衣物無處容身，最終只會淪為垃圾。

　　政府徵收銷售稅和更明顯的累進稅制，或許可以對減輕物欲玩樂消費產生一定作用，有論者認為近年日本的「低慾望社會」現象就是一個例子。管理學大師大前研一憂慮「低慾望社會」不是健康趨勢，但台灣金融學學者葉家興說得好：物質慾望低不代表精神慾望低，很多成就慾望旺盛的著名企業家，在物欲消費方面卻簡樸得很。重點在於物質慾望低是不是跟循環消費和共享經濟有機結合，是不是反映新世代對生態及環境永續性的重視[22]；這就關係到教育當局在品德教育課程上有沒有重視對消費主義的反思了。

22　葉家興（2016）：《「低慾望社會」的美麗與哀愁》，《獨立評論》，https://opinion.cw.com.tw/blog/profile/61/article/5038。瀏覽日期：2021 年 5 月 7 日。

二
玩具有「害」：從「少」開始教育的環保課業

　　很多人認同環保應該從「小」開始教導，但又有多少人經常警覺環保也應該從「少」入手？從小生活在物質豐富的香港，小朋友從不缺少玩具。2015 年一項市場調查指出，香港 65% 的小朋友擁有 50 件或更多的玩具，近 15% 更表示玩具多不勝數。香港居住環境擠迫聞名國際，人均面積只有 15 平方米，又如何容納數之不清的玩具呢？數不清，整理難，所以最常用的處理方法是直接丟棄，超過一半受訪者會因為儲存空間有限，即使是簇新玩具也會被丟棄。

玩具對環保之害

　　如同三色回收口訣，小朋友對廢物管理三步曲 "Reduce，Reuse，Recycle" 也琅琅上口。1975 年《廢物綱領指引》面世，3R 架構被全球視為管理都市固體廢物的主導原則。三個層次的優先次序是不可以改變，首先是避免和減少產生廢物；然後是再用；最後是回收及循環再造。然而，小朋友自小就「被動」、「主動」地收到不少玩具。調查發現近 35%的被訪家長每個月會花 2,000 元購買新玩具給小朋友，因為父母認為玩具既具有娛樂性，又具有教育功能，對小朋友的成長發展十分重要，是必需品。此外，來自商店「贈送」的小禮品也使小朋友玩具成災。《紐約時報》曾指出單是麥當勞每年就向全球分銷近 15 億個玩具，比美國最大的兩間玩具製造公間 Hasbro 和 Mattel 更多。

　　我們亦可以從全球兒童人口增長率和玩具行業銷售額的變化窺豹一斑。根據世界銀行數據顯示，2014 年 0-14 歲的兒童人口為 19.1 億，到

2019 年增長至 19.7 億，增長率為 3%[1]；而玩具協會（The Toy Association）的數據顯示，全球玩具行業銷售額由 2014 年的 792 億美元增長至 2019 年的 907 億美元，銷售額增長率為 15%[2]，比全球兒童人口增長率足足高出五倍。

自小擁有過多的玩具，「減少」（Reduce）的環保課業又談何容易？

迪士尼經典動畫《反斗奇兵》中，胡迪、巴斯光年等一班玩具陪伴主角安仔成長，是安仔童年最好的玩伴。安仔長大後，把陪伴他多年的玩具轉贈給寶妮。當安仔駕車離開時，胡迪默默地看着安仔背影說 "So long, partner." 甚為催淚。現實中，人與玩具的相處的時間又有多長？香港沒有相關統計數字，但根據台灣玩具圖書館協會統計，每年回收 40 萬公噸的玩具中，平均使用壽命只有六個月。也許是「貪新忘舊」？又或是「成長階段需要」轉變？很多玩具只是短暫停留在你我的生活當中。然而，玩具的真正壽命確是 "So long"——根據統計，全球九成玩具由塑膠製成，世界上第一個塑膠玩具，甚或我們父母的兒時玩具，都可能仍然存在於地球的某一個角落 。畢竟，塑膠需要長達幾百年時間去分解。

二次世界大戰後塑膠開始大流行，價格低廉的塑膠用品充斥我們生活的每一部分。小朋友一出生使用的奶樽、奶嘴、尿片等，全部離不開塑膠。玩具在「色彩繽紛」的外表、「有教育意義」和提供無限「歡樂」的包裝下，很容易令人忘記它們是塑膠的本質，以致玩具行業對環境帶來的傷害一直被輕視。2014 年聯合國環境規劃署發表《評估塑膠》報告，就 16 個常用塑膠的消費行業的塑膠使用所帶來的環境成本進行了評估，發現玩具是自然資本強度最大的行業，單是塑膠使用的自然資本成本，便佔其年收入的 3.9%，是每百萬美元收入所相應使用於產品的塑膠量最

1　World Bank (2019). Population ages 0-14, total, http://bit.ly/3bcebOJ, (accessed date: April 21, 2021).

2　The Toy Association (2020). Global Sales Data, http://bit.ly/2LqeRVl, (accessed date: April 21, 2021).

多的行業 [3]。

　　購買前未有從「少」着想，但玩具要重用、回收，也很困難。香港並沒有有關棄置玩具的數字，現時玩具與包裝物料、碎料、廢料等列為「其他塑膠廢物」。而我們可以知道的是「其他塑膠廢物」棄置量佔香港廢塑膠棄置量差不多一半。玩具「最好」的出路可能就只有轉贈別人，或者送贈玩具回收機構，才能延長玩具變成「垃圾」的時間。

　　至於回收，先不說塑膠在香港的整體回收率只有 8%，但塑膠玩具就不像紙張、鋁罐、膠樽那樣便於回收。它們多由多種物料混合製成，既有塑膠又包含金屬等等，很難分拆回收，因此可以被回收利用的可能性近乎零。最終，玩具只會被歸類為普通垃圾，棲身於堆填區、海洋，又或是消失於焚化爐中。

　　面對現今的「塑化世界」，大量研究指出塑膠污染如何加劇氣候變化，又是如何影響森林和海岸生態，從而危及我們的生存環境，「走塑」早已經成為國際共識。很多人都認同我們下一代是氣候變化的最大受害者，香港的民意調查亦發現 84% 受訪者認為氣候變化的影響將對下一代的衝擊更大，而受訪者尤為擔憂下一代的健康狀況。這絕不是杞人憂天，國際權威期刊《刺針》（*The Lancet*）2019 年發表氣候變遷與健康追蹤報告，指出全球氣候變遷帶來的極端氣候現象，使現今出生的兒童健康深受衝擊——氣溫、水位上升、濕度轉變使傳染病增加；食物短缺、物價上漲以致兒童營養不良的死亡增加，等等 [4]。

3　　GPQV, UFSCar (2020): Plasticized childhood: The impact of plastic toy advertising to children on their health and the environment, https://bit.ly/3xcNFxi (accessed date: April 21, 2021).

4　　Watts, N., Amann, M., Arnell, N., Ayeb-Karlsson, S., Belesova, K., Boykoff, M., ... & Montgomery, H. (2019): The 2019 report of The Lancet Countdown on health and climate change: ensuring that the health of a child born today is not defined by a changing climate. *The Lancet*, 394(10211), 1836-1878.

玩樂還是玩具？

事實上，「玩樂」對小朋友的發展和成長有重要作用，這是國際社會認同的。早於 1989 年，聯合國《兒童權利公約》的第三十一條就強調：「締約國確認兒童有權享有休息和閒暇，從事與兒童年齡相宜的遊戲和娛樂活動，以及自由參加文化生活和藝術活動。」同時，學術研究亦指出「玩樂」有助於小朋友認知發展、身體腦部發展、社交發展和情感發展[5]。但請不要誤會，是「玩樂」（Play）對於兒童的成長至關重要，而不是「玩具」（Toy）。

我們不是反對擁有玩具，而是針對「過多」的問題。過多玩具不但未能發揮它們應該的效能，甚或會影響小朋友發展。2018 年美國托萊多大學（The University of Toledo）進行了一項有關玩具數量跟小朋友玩樂質素的研究，結果發現為小朋友提供較少玩具，他們的玩樂質素反而較高，更能啟發小朋友的創意，有助他們更深層的認知發展[6]。

大眾大致上知道塑膠對小朋友健康的影響，家長都用心為孩子選用較為安全的塑膠用品，甚或避免使用。但日防夜防，「玩具」難防，很多家長、大人就此失守了。減少購買玩具，不會讓小朋友的玩樂減少，更何況「千金難買心頭好」。《反斗奇兵》中接收了安仔玩具的寶妮，最愛的卻是「小叉」（Forky）——一個由自己親手用即棄餐具製造、世上獨一無二的玩具。「小叉」一直認為自己不是玩具，只是為了吃飯喝湯而存在，用完了就被丟去垃圾桶。但這個整天喊着「我是垃圾」的膠叉，卻被寶妮視之為瑰寶，只因這是她自己第一件親手所造的玩具。

2021 年的國際消費者權益日，正是以「應對塑膠污染」（Tackling Plastic Pollution）為主題。成年人會讓小朋友從減少買玩具開始，拒絕塑膠化，身體力行為環保出一分力嗎？

5　Ginsburg, K. R. (2007): The importance of play in promoting healthy child development and maintaining strong parent-child bonds. *Pediatrics*, 119(1), 182-191.

6　Dauch C, Imwalle M, Ocasio B, Metz AE (2018): The influence of the number of toys in the environment on toddlers' play. *Infant Behav Dev*. 2018 Feb; 50:78-87. doi: 10.1016/j.infbeh.2017.11.005. Epub 2017 Nov 27. PMID: 29190457.

環保政策與綠色生活：國際視野下的香港

三
新冠肺炎揭示的糧食安全危機

食物安全危機不再遙遠

　　長輩經常訓示年輕人「食米不知價」，不知不覺之間，香港糧食短缺危機其實不容忽視。根據蔬菜統營處關於 2020 年新春期間的數字，原本批發價只是三元一斤的生菜急升至近八元；茼蒿平均批發價由五至六元一斤飆升至 19 元；豆苗的零售價更比美豬肉，每斤盛惠 85 元[1]。政府統計處 2020 年 1 月最新公佈的 2019 年消費物價指數透露，食品類別的價格在 12 月份按年上升 13.8%[2]。據中國國家統計局 2020 年 1 月發佈的消費者物價指數，食品價格按年大幅上漲 20.6%，其中新鮮蔬菜按月上升 15%[3]。香港超過九成蔬菜由內地供應，本地的蔬菜自給率只有 1.7%[4]。

　　民以食為天，穩定的糧食供應是社會安定不可或缺的條件。我們一直被告知香港的食物供應十分多元化，而且因為對外交通四通八達，林林種種的異國美食都得以在此享用。然而，香港社會不能因此便放鬆警剔。菜販陳先生受訪時唏噓道：「所有菜都係大陸㗎，而家運輸比較麻

1　東方日報（2020）：《收割人手不足致菜價飆升　豆苗每斤 $85 拍得住豬肉》，2020 年 1 月 29 日，https://bit.ly/3kES6t6 。瀏覽日期：2020 年 11 月 17 日。

2　香港特別行政區政府新聞公報（2020）：《二零一九年十二月份消費物價指數》，2020 年 1 月 21 日，https://bit.ly/38SVY7E 。瀏覽日期：2020 年 11 月 17 日。

3　國家統計局（2020）：《2020 年 1 月份居民消費價格同比上漲 5.4%》，2020 年 2 月 10 日，https://bit.ly/35zTwkv 。瀏覽日期：2020 年 11 月 17 日。

4　香港經濟日報（2019）：《憂本港現糧食危機　團體促政府認真檢視風險停生態破壞》，2019 年 4 月 22 日，https://bit.ly/2lQULCL 。瀏覽日期：2020 年 11 月 17 日。

煩，又唔知嚟到啲咩貨……再係咁落去要自己種喇！[5]」新冠肺炎肆虐內地，沒人收割蔬菜，運輸又出現問題，甚至是蔬菜的安全性也令人憂慮。香港一直隱藏的糧食安全危機復還。

復耕政策的迷思

在困難時期，要確保糧食供應不至中斷，增加本地生產也許是其中一個考慮方案。然而，截至 2020 年初香港有 413 名位農夫正等候復耕，香港有機生活社社長黃如榮先生估算，等候需時長達五年[6]。根據立法會 2018/2019 年的研究資料指出，香港現有大概 4,400 公頃農地，當中有近八成為私人擁有。在 2000 至 2016 年間，農地由 5,680 公頃減至 2,435 公頃；現時活躍農地只剩不足 700 公頃，比 2000 年的 1,430 公頃大減少超過一半[7]。如果所有棄耕的農地復耕，本地菜至少可以成為香港食物供應的一條「防線」。可惜的是，香港以發展行先，大量荒廢農地已用作貯物場及／或其他工業用途，部分農地更被改劃為商業或住宅用途。

政府也嘗試推出加強重視農地規劃的政策。

在 2016 年，政府推行「新農業政策」，承諾預留農地用作「農業優先區」，劃定一些具較高農業活動價值的土地用作長遠農業用途[8]，但「農業優先區」才剛開始進行研究，農地已經成為 2018 年「土地大辯論」18 個發展選項之一，優先區一時未劃出，就要把 1,000 公頃農地劃作房屋用地[9]，而「農地優先區」的研究最快要到 2022 年才能完成。

5　梁煥敏、勞敏儀（2020）：《【新冠肺炎】菜價飆升　豆苗每斤 80 元　市民呻：要慳住食》，《香港 01》，2020 年 1 月 31 日，https://bit.ly/2IJ7XcW 。瀏覽日期：2020 年 11 月 17 日。

6　麥馬高（2018）：《逾百農團農場聯署　叫停大辯論農地建屋》，獨立媒體，2018 年 9 月 19 日，https://bit.ly/3pzyFFZ。瀏覽日期：2020 年 11 月 17 日。

7　立法會祕書處資訊服務部資料研究組（2019）：《香港的農業》，ISSH25/18-19，https://bit.ly/38R7ZKH。瀏覽日期：2020 年 11 月 17 日。

8　香港特別行政區政府新聞公報（2016）：《政府推行新農業政策》，2016 年 1 月 14 日，https://bit.ly/2Kfwo2y。瀏覽日期：2020 年 11 月 17 日。

9　同 6。

　　另一個嘗試在 2019 年，《施政報告》重推「土地共用先導計劃」，以公私合營方式開發新界農地，預計 2020 年下半年接受申請。發展局局長黃偉綸說：「先導計劃最多涉及 150 公頃土地，涉及申請的土地不止農地，亦會有棕地等」[10]，相關申請由城市規劃委員會（城規會）把關。不過，部分民間團體及學者質疑城規會的把關能力。香港理工大學應用社會科學系講師鄒崇銘指出，近年地產商囤地、更改用途的速度不斷加快，似乎是政府對發展商「大開綠燈」；「地少人多」一直是香港人的迷思 —— 要解決房屋問題就需要更多土地。令人遺憾的是，香港觀鳥會於 2018 年發佈的《香港生物多樣性及保育重點指標報告》指出，2012 至 2016 年「農業」和「綠化地帶」限制發展的土地用途中，規劃申請在城規會獲得批准比率分別高達 61% 及 48%；當中獲批更改用途的個案中，以「興建小型屋宇」佔最大比例，而申請改劃為「露天儲物及工業」的佔地面積最大[11] —— 這似乎跟港人最關心的房屋問題部不大相干。

東亞城市對自給自足的追求

　　今天很多國家、城市都不敢輕視糧食安全危機，國際社會早已把糧食安全與能源安全和金融安全並稱為世界三大經濟安全關注，作為全球經濟合作主要平台的 G20 把糧食安全問題納入其中一個重要議題。事實上，糧食供不應求的危機一直步步進逼：根據聯合國 2017 的預測，2030 世界人口將由現在的 76 億人增加至 86 億人，到 2050 年全球人口更會直逼百億大關，高達 98 億人[12]，然而面對城市不斷擴張發展，適合的農地不斷減少，全球農業總產量到 2050 年時可能萎縮約四分之一。聯合國糧農組織早於 2016 年預測，因為氣候轉變影響，2030 年全球有逾 1.22 億人

10　香港特別行政區政府新聞公報（2020）：《立法會二十一題：增加土地供應的措施》，2020 年 7 月 15 日，https://bit.ly/32SPTV4。瀏覽日期：2020 年 11 月 17 日。

11　潘曉彤（2018）：《未來城市：農地、綠化地失守　多種生物失家園》，《明報》，2018 年 8 月 19 日，https://bit.ly/3nwphkG。瀏覽日期：2020 年 11 月 17 日。

12　United Nations (2017): World Population Prospects: The 2017 Revision, June 21, https://bit.ly/3mjCJc1 (accessed date: April 5, 2021).

處於極度貧窮，屆時所有食物系統皆會面臨危機[13]。僧多粥少，以為「多管齊下，透過不同途徑和方式進行全球採購」就可以買到糧食，恐怕未能如願。

同樣是「地少人多」的新加坡，同樣極度依賴進口食物；不同的是，新加坡政府不只確保進口食物供應多元化，更追求自己有自給自足能力。為應付 2030 年的糧食安全危機，新加坡推出「30-30」計劃，希望把生產率提高至 30%，當中包括 20% 的蔬菜。農地少，現時卻有六個農業園，面積多達 1,465 公頃，蔬菜自給率有 10%[14]。南洋理工大學教授 Paul Teng 說得發人深省：「每當我談到新加坡的糧食安全問題時，我都會告訴人們不要把土地看作是思考空間。因為你可以向上和側向移動。」[15]新加坡的土地問題反而成為發展農業的推動力，因為他們知道當糧食安全危機來到的時候，唯有自給自足才不會在外四處碰壁路路難行。

中國也遏制內地城市「種菜不如種樓」的發展思維，嚴令禁止地方「以租代徵」將農耕用地轉為建設用地，訂下 18 億畝耕地紅線，劃定基本農田保護區。國務院早於 2011 年發佈《土地復墾條例》，致力收復因為城市發展、自然災害摧毀的土地[16]。農業部市場與經濟資訊司司長 2012 年時已經表示每個城市要有一定的鮮活農產品自給率，這是作為「菜籃子」市長負責制的一個重要考核指標 —— 各地市長要有一個基本共識，致力維持菜地數量、鮮活農產品自給率、對應急供給保障能力及確保品質安全水準[17]。要保住自己「飯碗」，就要先保護這個「菜籃子」。

---

13 立場新聞（2016）：《聯合國報告：氣候變化威脅糧食安全、2030 年 1.22 億人極度貧窮》，2016 年 10 月 18 日，https://bit.ly/3kFOkzY。瀏覽日期：2020 年 11 月 17 日。

14 綠田園電子通率（2013）：《農業是都市的常態》，2013 年 1 月 15 日，https://bit.ly/3kHA0qD。瀏覽日期：2020 年 11 月 17 日。

15 Campbell, M. (2019): Singapore Confronts Food Crisis With Sky Farms And Lab-Grown Shrimp, March 20, *Euronews*, https://bit.ly/38Ryj7C (accessed date: November 17, 2020).

16 秦佩華（2011）：《土地復墾：讓廢地變良田》，《人民日報》，2011 年 4 月 6 日，https://bit.ly/3nBtDHk。瀏覽日期：2020 年 11 月 17 日。

17 莊紅韜、曹華、李海霞（2012）：《張合成：每個城市要有一定的鮮活農產品的自給率》，中華人民共和國農業農村部，2012 年 8 月 9 日，https://bit.ly/2IQHSJe。瀏覽日期：2020 年 11 月 17 日。

　　面對來勢洶洶的全球糧食安全問題，「發展」早就不再是「硬道理」，更莫說仰賴接濟；當大家都在苦心經營「自給自足」時，香港特區政府也要行動起來才行。說到底，香港糧食問題也是一種土地問題 —— 香港農地「少」、有心人「多」。在沒有長期、穩定農地可用，農夫又如何安心發展？糧食安全又如何得以改善？「新農政策」既已提出「農業優先區」（沒有發展潛力的農地），理應優先釋出，使本地農夫可以無後顧之憂地發展耕種。根據數年前的數字，如果能夠將大約 3,700 公頃的被棄耕農地全面復耕，將可以重新提升蔬菜自給率至 27%（現時徘徊在 2% 左右）[18]。

18　土地正義聯盟（2020）：《開發農地之前 先為農業優先區找數》，https://landjusticehk.org/2020/01/04/apa/。瀏覽日期：2021 年 5 月 2 日。

四
誰是「大嘥鬼」：香港惜食運動應該劍指何方？

香港人有幾「惜食」？

「惜食香港運動」在 2014 年的傑出市場策劃獎獲得卓越獎，成為首個獲獎的政府宣傳運動[1]，在一定程度上，反映近年港人對「惜食」意識有所提高，但距離令人滿意的程度，仍有很大的努力空間。

政府於 2013 年推出「惜食香港運動」，曾經期望可以在 2018 年減少 5% 至 10% 廚餘，結果到了 2018 年香港每日丟棄超過 3,500 公噸廚餘，一年就是超過 130 萬公噸，有 7 萬多輛雙層巴士那樣重，棄置率只是下跌了 30,295 公噸，即 2%[2]；《香港廚餘及園林廢物計劃 2014–2022》（下稱《香港廚餘計劃》）在 2022 年前減少 40% 廚餘的目標其實幾乎肯定落空。

大家不要誤會廚餘一定是垃圾，其實它可以分為三大類：（1）「可避免的廚餘」（如麵包、蘋果、肉等）；（2）「或可避免的廚餘」，即只有部分人選擇食用的（如麵包皮、薯仔皮等）；（3）「不可避免的廚餘」，即不適合食用的（如骨頭、蛋殼等）。根據「地球之友」指出，棄置在堆填區的廚餘，絕大部分是「可以避免的廚餘」，即是仍可食用的食物[3]。

2014 年發表的《香港廚餘及園林廢物計劃 2014-2022》詳細列出四項應對廚餘的策略：全民惜食減廢、食物捐贈、廚餘收集和轉廢為能[4]。在

1　香港政府新聞網（2014）：《惜食運動獲市場策劃獎》，2014 年 10 月 24 日，https://bit.ly/3pYLAkZ。瀏覽日期：2020 年 11 月 25 日。

2　環境保護署（2019）：《香港固體廢物監察報告　2018 年的統計數字》，https://bit.ly/38qHo7k。瀏覽日期：2020 年 11 月 25 日。

3　地球之友（2020）：《惜飲惜食》，https://bit.ly/3IYFTRD。瀏覽日期：2020 年 11 月 25 日。

4　環境局（2014）：《香港廚餘及園林廢物計劃 2014-2022》，https://bit.ly/2J3Ke7v。瀏覽日期：2020 年 11 月 25 日。

食物捐贈方面，這文化在香港並不普及。2017 年民社服務中心的調查訪問發現，九成人在過去一年都沒有捐贈食物的習慣[5]。樂施會 2014 年發表《食品公司處理及捐贈剩食調查》透露，多達 74% 的食品公司和 99.5% 的食物零售商沒有向慈善機構捐贈任何食物；而近七成沒有捐贈食物的食物企業者表示，最主要的顧慮是「擔心有關食品安全的法律風險」[6]。特區政府強調，食物安全中心在 2013 年發出的《食物回收計劃的食物安全指引》已為捐贈者提供足夠指引，可以發揮保障捐贈食物食用安全的作用，因此無意制定免除食物捐贈者法律責任的法例[7]。然而，眼前的數據是香港的工商機構（包括食物零售商和製造商、酒店及食肆）每日丟棄的食物數量一直上升，2018 年的棄置量較 2013 年上升超過 14%[8]。

針對浪費食物和食物捐贈的立法

食物浪費是全球問題。根據聯合國糧食及農業組織 2011 年的數字，全球每年浪費近 13 億噸食物，足夠養活 30 億人；其總值高達 7,500 億美金，與瑞士的全國生產總值相約[9]。世界資源研究所（World Resources Institute）2015 年報告的數據亦透露，被浪費的食物等如浪費了 25% 的農業用水和丟棄了與中國面積一樣大的農地所生產出的糧食；如果把「食物浪費」當成一個國家的所作所為，其所產生的溫室氣體的碳排放量每年高達 44 億噸，佔全球溫室氣體排放的 8%，是僅次於中國（107 億噸）

5　民社服務中心（2020）:《樂施會食物捐贈倡議及公眾教育》，https://bit.ly/3nV12wM。瀏覽日期：2020 年 11 月 25 日。

6　樂施會（2014）:《食品公司處理及捐贈剩食調查　內容撮要及政策建議》，https://bit.ly/2J9mJtl 。瀏覽日期：2020 年 11 月 25 日。

7　香港特別行政區政府新聞公報（2018）:《立法會十一題：訂立法例以鼓勵市民好心助人》，2018 年 11 月 28 日，https://bit.ly/3kXlFoU 。瀏覽日期：2020 年 11 月 25 日。

8　環境保護署:《香港固體廢物監察報告 2018 & 2013 年的統計數字》，https://bit.ly/3q-0MOME 。瀏覽日期：2020 年 11 月 25 日。

9　Food and Agriculture Organization of the United Nations (2013): *Food wastage footprint Impacts on natural resources*, https://bit.ly/3fxBG4U (accessed date: November 25, 2020).

和美國（58 億噸）的第三大溫室氣體排放國 [10]。

　　聯合國在 2015 年啟動的 17 項永續發展目標中，提出在 2030 年前將零售與消費者階段的全球糧食浪費減少 50% [11]。歐盟於 2014「歐洲反對食品浪費年」決定 2020 年前將減少 50% 的食物浪費 [12]。亞太經濟合作會議（APEC）提出 2020 年亞太地區食物浪費要減少 10% [13]；2019 年 APEC 更提出「降低糧食損失與浪費，以因應 APEC 區域糧食安全及氣候變遷」計劃，協助成員達成 2030 年食物浪費減半的長期目標。要知道全球近四成人口居住在亞太地區，減低區內的食物浪費，對氣候變遷問題有很積極的影響 [14]。

　　過去 20 年國際社會為解決食物浪費問題紛紛推出各式各樣的政策。法國在 2015 年通過《反食物浪費法例》，禁止超級市場棄置或銷毀未過期的食物，規定佔地 400 平方米或以上的超市，必須與慈善機構簽訂捐贈合約，違規者可被罰款 3,750 歐元 [15]。過往法國每年棄置 710 萬噸食物，法例實行後每年的棄置量僅佔食物總生產量的 1.8% [16]。2018 年政府更籌備禁止超市、零售店等就食物進行「買一送一」促銷活動的法案 [17]，進一步打擊食物浪費行為。同年，法國獲得《經濟學人》智庫「2018 年食物

10　Hanson, C., Lipinski, B., Friedrich, J., O'Connor, C., & James, K. (2015): What's Food Loss and Waste Got to Do with Climate Change? A Lot, Actually, *World Resources Institute*, December 11, https://bit.ly/2V0L8EE (accessed date: November 25, 2020).

11　Food and Agriculture Organization of the United Nations (2015): Sustainable Development Goals Indicator 12.3.1–Global Food Loss and Waste, https://bit.ly/2UYRnsp (accessed date: November 25, 2020).

12　European Commission (2014): European year against food waste, February 24, https://bit.ly/39aLbG8 (accessed date: November 25, 2020).

13　Asia-Pacific Economic Cooperation (2020): APEC Food Security Road Map towards 2020, https://bit.ly/3q6TWXZ (accessed date: November 25, 2020).

14　行政院農業委員會全球資訊網（2019）：《APEC 經濟體代表齊聚台北共商降低糧食損失以確保糧食安全與減緩氣候變遷》，2019 年 7 月 25 日，https://bit.ly/2V14ARq 。瀏覽日期：2020 年 11 月 25 日。

15　Chrisafis, A. (2016): French law forbids food waste by supermarkets, The Guardian, February 4, https://bit.ly/3pUNx1X (accessed date: November 25, 2020).

16　Wong, A. (2018)：《法國如何打擊浪費食物？》，《CUP》，2018 年 3 月 21 日，https://bit.ly/2Jyza2J 。瀏覽日期：2020 年 11 月 25 日。

17　Reuters (2018): France to ban 'buy one, get one free' offers on foodstuff, February 1, https://reut.rs/3fyB13h (accessed date: November 25, 2020).

「永續指數」的第一名。

馬來西亞也於 2018 年提出《浪費食物法令》。副首相旺阿茲莎有感國人浪費食物情況嚴重，每人每日平均浪費約一公斤，於是有意制定「反食物浪費法」，對商家及顧客作出罰款。同時又計劃實施「馬來西亞糧食銀行計劃」，讓大型超市賣剩的食物如麵包、蔬菜和水果等，贈予有需要人士[18]。

對於食物捐贈，有些捐贈者或會因為擔心法律責任而卻步。有見及此，早在 1977 年美國加州便率先訂立州層面的食品捐贈保障法案。1996年，時任總統克林頓訂立全國性的《好撒瑪利亞人食品捐贈法案》，豁免出於良善意願的食物捐贈者承擔不必要的法律責任[19]；此後，美國的食品捐贈增加一倍以上。2018 年阿根廷政府也通過了保障食品捐贈者責任的法律，同年幫助阿根廷的 Red de Bancos de Alimentos 機構因而獲得的食物捐贈較往年增加了 30%[20]。現時，不少國家如加拿大、澳洲、義大利等都有相關法例保障捐贈者，以資鼓勵。

垃圾徵費是對隨意棄置食物的人在經濟上作出阻撓，讓人知道做「大嘥鬼」不是免費的。南韓於 2005 年立令禁止廚餘隨意棄置在堆填區內，使廚餘回收率由 2000 年的 45% 上升至 2009 年的 95%。到 2010 年政府再引入廚餘按量徵費，設置附有電腦感應的廚餘收集桶，推動家居廚餘回收[21]。2014 年南韓的廚餘回收率達到 94%，只有不足 2% 廚餘棄置在堆填區內。

---

18 Khidhir, S. (2019): Food wastage must stop, The ASEAN Post, April 21, https://bit.ly/375ahU9 (accessed date: November 25, 2020).

19 環保團體（2015）：《促請政府積極推動食物捐贈的政策及〈好撒瑪利亞人食品捐贈法案〉》，立法會 CB(2)659/14-15(01) 號文件，2015 年 1 月 19 日，https://bit.ly/377cuyh。瀏覽日期：2020 年 11 月 25 日。

20 Leib, B. E. (2019): Food donation laws as a solution to combat hunger and food waste, The Global FoodBanking Network, October 16, https://bit.ly/3m3UafH (accessed date: November 25, 2020).

21 立法會祕書處資料摘要（2013）：《南韓的廢物管理政策》，INC04/12-13，https://bit.ly/2J4UEnC。瀏覽日期：2020 年 11 月 25 日。

廚餘回收與惜食教育的並行

在廚餘收集方面，香港早於 2005 年《都市固體廢物管理政策大綱》便提出透過源頭分類回收約 500 公噸由工商業活動產生的廚餘，進行堆肥及厭氧分解等生物處理。環境及自然保育基金也於 2011 年推出屋苑廚餘循環資助計劃，鼓勵私人屋苑和公共屋邨進行廚餘回收。然而，2015 年的審計署調查發現，屋苑廚餘循環資助計劃項目的住戶平均參與率只有 4.6%，遠低於政府預期的 10%；公屋廚餘回收試驗計劃項目的住戶平均參與率亦只有 6.2%。

要推動大規模的廚餘回收，就需有足夠的設施處理回收後的廚餘。政府一直寄望有機資源回收中心的落成，可以每天處理總量約為 1,300 至 1,500 公噸的廚餘。政府預計在 2014-2024 年間，分期設立五至六家回收中心處理廚餘。第一期的小蠔灣廚餘廠於 2018 年 7 月開始運作，原定每日可以處理 200 噸來自酒店、食肆、食品廠等工商業界廚餘，利用各種技術把廚餘轉為可再生能源 [22]。可惜，小蠔灣廚餘廠營運至今的回收量一直不達標，2019 年只收到三萬公噸，比最初承諾每年收集 7.3 萬公噸廚餘量少了一半有多 [23]。而工商業界對廚餘回收亦表現冷淡，寧願把廚餘直接棄置堆填區，也不願負擔高昂的運輸成本。「大規模廚餘回收活動」行不通，轉廢為能亦難以執行。

就目前所見，廚餘回收推行困難，不外乎高成本低效益，令持份者動力不足。要走出困境，除了有賴未來科技進步，降低回收成本，透過教育改變市民的飲食價值觀，也是治本之舉。世界各地都在推動的飲食消費教育，清華大學副教授張瑋琦的研究指出，不同的名稱強調不同的社會實踐方式，而其理念背後所強調的不僅是關於種植或消費方式的變革，更是重

---

22 立法會祕書處（2020）：《香港的廚餘管理 擬備的背景資料簡介》，CB(1)766/19-20(02) 號文件，2020 年 6 月 16 日，https://bit.ly/2Hz8JZP 。瀏覽日期：2020 年 11 月 25 日。

23 明報（2020）：《廚餘回收量僅目標四成 黃錦星：種菌需時》，2020 年 4 月 7 日，https://bit.ly/3oixbOL 。瀏覽日期：2020 年 11 月 25 日。

新建立一種對環境與人類社群友善的發展方式。

　　日本將「食育」視為「國民運動」來推動，《食育基本法》的前言就指出，推動食育的目的是為「促進都市與農山漁村的交流與共生，建構食物生產者與消費者間的信賴關係，活化地方社會、承繼並發揚豐富的飲食文化，並推動對環境友善的生產及消費關係，提升糧食自給率」[24]。同是公眾教育，「惜食香港運動」中的宣傳歌曲強調「食剩咁多真係嘥」、「食得晒先至好買」、「食得晒先至好嗌」，只是將廚餘生產的源頭大部分歸因於消費者的消費模式，單一地將責任推到個人飲食習慣上，卻忽略了政府規管及生產者責任的重要性。教育活化鄉村、營造環境友善的生產及消費關係、提升糧食自給率等高層次的概念，需要政府、生產者及消費者的共同努力。不少研究文獻揭示，食物浪費的主因是供過於求的食物供應體制，是鼓勵消費主義的後遺症[25]。因此，要減少廚餘不能單單從消費者行為入手，也要從生產和零售等各個環節減少浪費。試着不要只從個人消費行為進行宣傳教育，也應好好教育生產商和零售商「賣得晒先至好生產」、「賣剩咁多真係嘥」。在立法規定超市要將賣剩的食物捐贈社福機構之前，至少應推動「食物銀行」，教育、鼓勵他們把食物捐贈有需要人士。

24　張瑋琦（2017）:《傾全國之力推動「食農教育」，日本政府也把農村救了起來》，關鍵評論，2017 年 8 月 14 日，https://bit.ly/2J5Yugo 。瀏覽日期：2020 年 11 月 25 日。

25　Jelil, A., Woolley, E., & Rahimifard, S. (2018). Towards integrating production and consumption to reduce consumer food waste in developed countries. *International Journal of Sustainable Engineering*, 11(5), 294-306.

五
「可不是吃素的」應有的三思

在內地，「我可不是吃素的」是一句常用的狠話。百度一下就知道，很多人認為吃素的人一般性格溫和，沒有主動攻擊性；不是吃素的則如狼似虎，攻擊性強，其他動物甚至人類都不敢隨便騷擾。故此「我可不是吃素的」意即好勇鬥狠、不易被欺負。

吃肉有什麼可恃？

當時還是美式文化象徵的快餐店麥當勞 2012 年在中國推出一則漢堡廣告，完美演繹「肉食男」的形象：主角是典型的陽剛男士，雄偉矯健、憐香惜玉又鎮定自如。片尾，在音樂的襯托中男主角咬了一口漢堡，字幕隨之出現「百分之百男子漢，百分之百純牛肉」[1]。是不是很有畫面。Netflix《美食不美》（*Ugly Delicious*）既談食物也談文化，2020 年的一季提到牛扒提到肉，經常與「陽剛」（Masculinity）概念連在一起，吃牛扒就象徵強而有力[2]。

事實上根據世界經濟合作及發展組織（OECD）數據，2019 年美國每年人均消耗 101 公斤肉食，名列榜首，中國則以 45.7 公斤排在第 21 位[3]；但因為中國人口世界第一，因此它是世界上消耗肉食最多的國家；當中中國的豬肉消耗量更遠遠拋離其他國家 —— 美國農業部的數據顯

1   Gorvett, Z., (2020): The mystery of why there are more women vegans, *BBC*, February 18, https://bbc.in/3opbNZ4 (accessed date: July 9, 2020).

2   Schmidt, E., Zeldes, J., Gabbert, L. & Neville, M. (2020): Ugly Delicious [Non-fiction Series]. Retrieved from https://www.netflix.com/

3   OECD (2020): Meat consumption (indicator). doi: 10.1787/fa290fd0-en (accessed date: September 10, 2020).

示，2018 年全球豬肉消耗總量為 11,234 萬噸，其中中國就佔了近一半，有 5,539.8 萬噸[4]。

於是當非洲豬瘟肆虐中國，豬肉供應大跌，價格飆升，中國政府大為緊張，把維持豬肉供應和價格穩定視為重要任務。中國官媒《環球時報》旗下的《生命時報》2019 年 9 月 19 日在頭版刊登題為《豬肉還是少吃為好》的文章，引述營養師意見指稱吃豬肉太多對健康不好，會「容易長胖，並帶來血管硬化的風險」，鼓勵民眾改變飲食習慣，少吃豬肉多吃白肉[5]。這個舉動卻引來部分網民質疑，在豬肉價格狂升的時候發表這篇文章根本就是此地無銀三百兩。

將《環球時報》呼籲大家少吃豬肉的建議視為政治任務，也許是民眾過於敏感了。其實早於 2016 年國家衛生計生委發佈《中國居民膳食指南》，說是結合中國人飲食習慣和不同地區飲食特性等多方面因素，也參考其他國家膳食指南制定的科學依據，具體提出適合中國人營養健康狀況和基本需求的膳食指導，建議消費者把肉類、禽類、魚和奶製品的每日消耗量控制在 200 克之內，即每人每天的食肉量應是 40 至 75 克左右，相當於一隻雞翼或者雞脾的份量[6]。

非洲豬瘟疫情嚴峻，單是到 2020 年夏季由中國農業農村部通報確認的就有 14 宗。2020 年 6 月《彭博》報道豬瘟疫情有再起現象，豬肉價格再度飆升[7]。據中國農業農村部監測，5 月下旬中國農產品批發市場豬肉平均價格降至大約 38 元人民幣，比 2 月中旬高點時下降了 13 元有多。到 6 月 29 日至 7 月 5 日的數據顯示豬肉批發價格每公斤卻回升至 46.3 元，比 5 月上升超過 20%[8]。也許《環球時報》要改為呼籲民眾「豬肉還是不吃為

4　USDA (2019): Livestock and Poultry: World Markets and Trade, https://bit.ly/3jtl9hP (accessed date: September 10, 2020).

5　生命時報（2019）：《豬肉還是少吃為好》，2019 年 9 月 10 日，第 1347 期头版。

6　國家衛生計生委（2016）：《中國居民膳食指南》，https://bit.ly/3kK3Rze 。瀏覽日期：2020 年 7 月 9 日。

7　Bloomberg News (2020): China's Pork Prices Are on the Rise Again, *Bloomberg*, June 30, https://bloom.bg/3opUqaJ (accessed date: July 9, 2020).

8　中華人民共和國農業農村部市場與資訊化司（2020）：《農產品批發價格 200 指數》，https://bit.ly/31OZLia。瀏覽日期：2020 年 7 月 9 日。

好」。

有別於中國人愛吃豬肉，外國人偏愛吃牛。被譽為「地球之肺」的亞馬遜雨林 2019 年大火，火災次數更是歷年最多，比 2018 年同期增加了 145%。不少專家相信火災起因並非出於自然，而是由人為活動引起，例如為了農業用途而砍伐森林、放火燒荒造田等等[9]。大火因而在全球掀起一股罷食牛肉的浪潮，不少國家更揚言抵制巴西牛肉。紀錄片《畜牧業的陰謀》(Cowspiracy) 告訴大家畜牧業佔全球溫室氣體排放量的 18%，超過運輸業的碳排總和；所有禽畜及其副產品加總，每年製造至少 320 億公噸的二氧化碳，等同全球溫室氣體排放量的 51%。當中牛的消化過程產生大量甲烷，造成的溫室效應較二氧化碳高出近 30 倍[10]。牛肉對環境不友善可說是常識了，《美食不美》中的牛扒餐廳廚師也意識到牛肉將會在未來消失。

「未來肉」的誤會

那麼未來會是怎樣的呢？「未來漢堡扒」或許為愛吃肉的朋友提供一項能改善環境的選擇。它是美國植物肉品牌 Beyond Meat 的產品，顧名思義就是由植物製成的人造肉。香港中文大學學者蔡子強的《餐桌上的領袖》有一篇談及孫中山先生最愛的食物是豆腐，國父認為中國的飲食習慣是飲清茶吃淡飯，加以豆腐青菜；而豆腐更是「超級食物」，因為它「實植物中之肉料也，此物有肉料之巧，而無肉料之毒」。[11]百年前的孫先生似乎洞燭先機看到「未來漢堡」的本質，人造肉的主要原料正是豆製品；中國近代文明雖然有不少落後於人，但在素食方面或可說是先驅了。

近年愈來愈多人認識到畜牧業對環境的影響，加上新冠肺炎導致肉

9　綠色和平（2019）：《2019 巴西亞馬遜大火 10 問－fact check》，2019 年 9 月 3 日，https://bit.ly/2Jbx1tt。瀏覽日期：2020 年 7 月 9 日。

10　Andersen, K. & Kuhn, K (2014): Cowspiracy: The Sustainability Secret [Documentary], Retrieved from https://www.netflix.com/.

11　蔡子強（2014）：《餐桌上的領袖》，香港：明報出版社有限公司。

類供應短缺，人造肉成功打入主流市場。根據 Nielsen 資訊和市場研究公司的研究指出，單是 2020 年 3 月至 5 月的九個星期內，人造肉的銷量增加了 264%[12]。作為「人造肉」龍頭的 Beyond Meat 2019 年在美國上市即成為華爾街寵兒，公司股價在上市首日暴漲 163%，創下了自 2008 年金融危機以來首次公開發行（IPO）公司的最佳紀錄[13]。Beyond Meat 發展速度飛快，經銷店的數量由 2017 年的 1 萬至 1.2 萬家躍升至現時的 5.3 萬多家。李嘉誠有份投資的 Impossible Burger 亦與連鎖餐廳合作，在有超過 17,000 家分店的 Burger King 能吃到 impossible whooper，產品亦同時進軍超市，在美國連鎖超市 Kroger 的 1,700 家分店出售[14]。

假設未來以人造肉完全取代肉類，氣候變化問題是否就能輕易緩和？牛津大學高級環境研究員 Marco Springmann 提醒大家，Beyond Meat 和 Impossible Burger 雖然可以減少碳足跡，但以為這是環保的上乘之法，卻是美麗的誤會，因為人造肉的碳足跡雖然比雞肉少一半，但卻是豆餅（Bean Pattie）的五倍[15]。

改革國民飲食習慣：政府的作為

與其以人造肉減輕氣候變遷，更重要的其實是改變自身的飲食習慣。早於 2010 年聯合國可持續性資源管理國際委員會的《消費和生產對環境影響的評估》報告是這樣總結的：「只有飲食習慣出現世界性改變，遠離動物產品，才有可能大幅減少（對環境的）影響」。多年來聯合國幾乎每年都呼籲各國政府應設法改變國民以肉食為主的飲食習慣，2019 年

12 Patton, L. (2020): Coronavirus Lockdown Spurs 264% Boom in Plant-Based Meat, *Bloomberg*, May 15, https://bloom.bg/34yOHHM (accessed date: July 10, 2020).

13 Lucas, A. (2019): Beyond Meat surges 163% in the best IPO so far in 2019, *CNBC*, May 2, https://cnb.cx/34wirVy (accessed date: July 10, 2020).

14 Hunt, R. (2020): Can't find burger meat? Kroger stocks Impossible Burgers in 1,700 stores, *USATODAY*, May 6, https://bit.ly/3kK4ZCY (accessed date: July 10, 2020).

15 Newburger, E. & Lucas, A. (2019): Beyond Meat uses climate change to market fake meat substitutes. Scientists are cautious, *CNBC*, September 2, https://cnb.cx/35AGzFL (accessed date: July 10, 2020).

聯合國政府間氣候變化專門委員會有 107 位科學家共同撰寫報告強調，如果大眾能改變以植物性食物及可持續性生產的肉類為主食，「就會帶來大好機會，讓地球得以適應，也讓情況得到舒緩，同時更為人體健康帶來雙贏。」

2018 年牛津大學健康部建議政府對紅肉及加工肉徵稅，試圖藉此減少民眾食用容易致癌的紅肉，英國政府每年可以節省十億英鎊的國民診療費；如果紅肉稅推廣至全球，預計每年能使 22 萬人免於死亡風險 [16]。屆時，達成《巴黎氣候協議》訂下的目標不再是夢？相關專家也警告，多吃加工肉食所引發的疾病令人類生產力下滑，對國家經濟是減少投入增加支出的笨事。改革飲食習慣已經成為不少政府「重大的政治任務」，歐洲議會 2020 年 2 月就是否對境內所有肉類食品加徵稅項展開討論，打算從 2022 年開徵，並預計 2030 年可以為會員國帶來每年 32.2 億歐元收入 [17]。2019 年德國社會民主黨和綠黨政界人士亦提議向肉類徵收增值稅，從 7% 的標準稅提高至 19% [18]。除了德國，丹麥和瑞典也在考慮對肉食徵收更高稅費。我們應該還記得英國政府在 2016 年宣佈對含糖飲料課徵新稅，不旋踵超過半數的生產商就在含糖飲料中減少糖量 [19]。

最後回望香港，一個 700 多萬人口的城市卻是全球人均肉類消耗量最高的地區之一。2018 年香港大學一項研究發現我們每人每日平均食肉 664 克（約 17.6 兩），相等於兩塊 10 安士牛排 [20]。最大的牛肉出口國巴西佔全球出口總量 20％，2018 年美國農業部的數據顯示香港是進口巴西牛

16 Springmann M, Mason-D'Croz D, Robinson S, Wiebe K, Godfray HCJ, Rayner M, et al. (2018): Health-motivated taxes on red and processed meat: A modelling study on optimal tax levels and associated health impacts. PLoS ONE 13(11): e0204139. https://doi.org/10.1371/journal.pone.0204139.

17 The Guardian (2020): EU urged to adopt meat tax to tackle climate emergency, February 4, https://bit.ly/2TuEoOk (accessed date: July 10, 2020).

18 BBC (2019): Climate change: German MPs want higher meat tax, August 8, https://bbc.in/3jwOid8 (accessed date: July 10, 2020).

19 HM Treasury (2018): Soft Drinks Industry Levy comes into effect, April 5, GOV.UK, https://bit.ly/35BLqqm (accessed date: July 10, 2020).

20 Yau, Y. Y., B. Thibodeau, and C. Not. (2018): Impact of cutting meat intake on hidden greenhouse gas emissions in an import-reliant city. Environmental Research Letters 13(6). https://doi.org/10.1088/1748-9326/aabd45.

肉最多的地區，佔其出口總量 24%[21]，名列世界第一。這也意味着香港對環境的破壞也是世界級了？如果有一天特區政府真的徵收肉稅，你願意少吃肉食嗎？

---

21   Mackintosh, E. (2019): The Amazon is burning because the world eats so much meat, *CNN*, August 23, https://cnn.it/37LUxYm (accessed date: July 10, 2020).

六
綠色建築：後勁不繼與背道而馳

　　香港是高密度的已發展城市，位處亞熱帶氣候區域，夏季炎熱潮濕。根據香港天文台紀錄，2018 年 5 月錄得 34.5℃，打破了 1967 年 34.4℃的最熱紀錄[1]；另一組數據顯示市區風速由 1968 年的每秒 3.5 米，下降至 2014 年的 2 米，風消失了 42%[2]。

　　香港高樓大廈林立，見證城市化發展，同時也是氣候變暖的最大元兇。天文台 2011 年曾經比較香港和澳門在 1951 至 2007 年的平均溫度，發現香港每十年上升 0.17℃，比澳門的 0.10℃高出 41%；再用 1901 至 2007 年間的數據作分析，發現城市化對香港溫度上升的影響佔 53%[3]。

　　根據國際能源署（IEA）2018 年的數據，在能源領域建築物佔全球 30% 的最終能源消耗量和 55% 全球電力消耗量，全球超過 25% 的能源類溫室氣體排放來自建築物[4]。在香港，近七成的碳排放來自發電，而跟建築物相關的活動就已經佔了全港耗電量的九成，遠高於國際社會平均的四成[5]。故此，只要推動綠色建築發展，減少建築物的耗電量，便能大大減少香港的碳排放。

1　香港經濟日報（2018）：《5 月高溫破 42 年紀錄　全港多區體感溫度超過 40 度》，2018 年 5 月 20 日，https://bit.ly/36NPHaO。瀏覽日期：2020 年 11 月 19 日。

2　蘋果日報（2015）：《市區風速 47 年弱 40% 加劇空氣污染》，2015 年 4 月 3 日，https://bit.ly/3lKAe1t。瀏覽日期：2020 年 11 月 19 日。

3　陳曉蕾（2016）：《香港點解愈來愈熱？》，立場新聞，2016 年 7 月 23 日，https://bit.ly/3ffEGTe。瀏覽日期：2020 年 11 月 19 日。

4　International Energy Agency (2019): The Critical Role of Buildings, https://bit.ly/2HI73TO (accessed date: November 19, 2020).

5　香港綠色建築議會（2020）：《關於綠色建築》，https://bit.ly/35Hc3eO (accessed date: November 19, 2020).

建築環境評估：起跑之後顢頇無能

在亞洲的綠色建築發展道路上，香港曾經「贏在起跑線」：香港建築環境評估法（HK-Beam）早在 1996 年推出，成為第一個推出綠色建築標準的亞洲城市。建築環境評估法的發展是與可持續發展相關的，1987 年《我們共同的未來》為可持續性發展定下了一個被廣泛接受的定義之後，很多發達國家便着手研究可持續發展的評估體系，並應用在建築設計上。1988 年英國的建築研究組織着手研究其國家的建築環境評估體系 BREEAM（Building Research Establishment Environmental Assessment Method），並於 1990 年正式頒佈評估新建辦公建築的 BREEAM。香港可說是緊隨其後，於 1996 年推行建築環保評估法（HK-Beam），比 1998 年由美國綠色建築委員會（USGBC）頒佈的 LEED 還要早。難怪香港環保建築協會曾經自信地指出，以人均計算，HK-Beam 就評估的建築物和建築面積超過世界上其它全部現行類似方案。在 2004 年香港已有 96 個地標建築提交了認證申請，建築面積超過 510 萬平方米，覆蓋的住戶達 49,000 戶[6]。

起跑之後，卻有些後繼乏力。2009 年，發展局牽頭成立香港綠色建築議會，翌年把 HK-Beam 改名為綠建環評（BEAM Plus）。十年過去，根據綠建環評數據，已登記的項目共有 1,332 個，卻只有 300 項成功被評級[7]；當中絕大部分是新建築物，現存建築僅佔 6%[8]。要知道香港有超過 4.5 萬棟建築物，當中 4.2 萬幢是現存的。現存建築參與率如此低下，成效自然不會顯著。事實上香港的用電量一直有增無減，世界綠色組織 2017 年分析「滙能能源效益指數」，發現香港住宅及商界於 2014 年所消耗的能

6　香港環保建築協會（2004）：《香港建築環境評估法「新修建築物」版本 4/04》，https://bit.ly/3kMqqTj。瀏覽日期：2020 年 11 月 19 日。

7　HKGBC (2020): BEAM Plus Project Directory and Statistics (2010-2019), https://bit.ly/36LAjMc (accessed date: November 19, 2020).

8　彭麗芳（2017）：《【綠色建築】評核制度未普及　九成申請者是大發展商》，《明報週刊》，2017 年 10 月 27 日，https://bit.ly/35Op7zb。瀏覽日期：2020 年 11 月 19 日。

源使用態度較 2000 年分別增加了 4% 及 17%[9]。

　　香港非但在透過綠建政策減低碳排放方面的表現未如理想，當初為鼓勵綠色建築而引入豁免樓面面積的獎勵政策，似乎更被發展商視作生財工具，種下「發水樓」的禍根。2001 和 2002 年，只要發展商做足 12 項環保設施，包括環保露台、空中花園、隔音屏障和加闊公用走廊等，便可增加 23% 的樓面面積。發展商利用政府這項豁免政策，大量增加樓面面積，造成「發水樓」問題。根據當時屋宇署的調查報告，2001-2006 年間落成的 61 個住宅和非住宅項目均有不同程度「發水」，最高達 120%[10]。

　　2009 年，時任特首曾蔭權亦公開承認問題存在，打算不再提供誘因，更不排除立法強制樓宇加入環保設施；發展局局長也表示會聆聽社會意見，若然社會認為應立法強制發展商提供環保設施，政府不會迴避。當年的建築師學會副會長黃錦星亦批評強制提供環保措施的思維落後，認為強制環保認證才是世界大趨勢[11]。

　　可惜，時至 2020 年，綠建環評仍然是自願參與性質，現時每年新落成的私人樓宇當中只有一半會申請綠建環評；豁免樓面面積收緊為整體上限 10% 之內，但只要認證註冊登記綠建環評，都可獲得豁免，並不規定要達到某一評級（即包括「不予評級」）[12]。

　　新加坡起步較香港遲，綠色建築發展卻極其迅速。2005 年才推出綠色建築評級制度，初期仍屬自願性質，鼓勵業界自行申請；試行三年之後，正式規定所有新落成的建築物必須成功取得認證。2009 年在《第二個綠色建築總規劃》中提出階段性目標，要在 2030 年有 8 成建築物取得

9　世界綠色組織（2017）：《「滙能能源效益指數」發佈會　住宅及商界指數齊變差》，https://bit.ly/2HfLFzf 。瀏覽日期：2020 年 11 月 19 日。

10　東方日報（2009）：《提誘因釀發水樓　曾蔭權認衰》，2009 年 11 月 21 日，https://bit.ly/2ITjTZz 。瀏覽日期：2020 年 11 月 19 日。

11　同 10。

12　同 8。

綠色建築標誌[13]。為了達成目標，推出「綠色建築津貼計劃」，使 2005 年只有 17 幢綠色建築急增至 2017 年的 3,100 多幢，佔整體建築的 34%[14]。

　　新加坡也有綠色建築總樓面面積豁免政策，但對發展商要求非常嚴謹，不只要求所有發展項目都要達到綠色建築的基本要求，而且只有取得鉑金級或金級的發展項目才可獲得額外的建築面積，而額外建築面積亦按級分別只是 2% 和 1%[15]。2016 年「世界綠色建築趨勢」報告中，新加坡成為綠色建築水準最高的國家[16]。

都市氣候圖：未能有效應用

　　香港曾經「贏在起跑線」的，還有都市氣候環境圖的研究。城市環境氣候圖是計算氣象、環境、城市氣候與城市形態的相互關係，輔助當地的城市規劃與可持續城市建設。世界上已有 20 多個國家／城市開展了城市環境氣候圖的相關研究與應用。

　　德國是城市環境氣候圖概念發展及應用的始祖。根據德國聯邦建築條例，任何建築均不得影響周邊環境。因此當地政府在制定區域或城市規劃時必須將氣候資訊納入考慮範疇，繪製出適用於不同規劃尺度的城市環境氣候圖，清楚知道城市的風向、日照等，以此限制建築的高度、密度等。今時今日，城市環境氣候圖在德國已經十分普及，許多大中型城市都有屬於自己的城市環境氣候圖[17]。

　　日本是亞洲第一個進行城市環境氣候圖研究的國家。從 1990 年代便

13　彭麗芳（2017）：《【綠色建築】香港如何被新加坡超前？讓數字說話》，《明週》，2017 年 10 月 26 日，https://bit.ly/2ISSAiq。瀏覽日期：2020 年 11 月 19 日。

14　新加坡紅螞蟻（2019）：《新加坡城市綠化的極致：從「平面」到「垂直」，甚至還有「摩天綠化」》，關鍵評論，2019 年 7 月 2 日，https://bit.ly/3nG0g6B 。瀏覽日期：2020 年 11 月 19 日。

15　綠色和平（2015）：《地產商的進化：綠色為名，發水為實》，獨立網媒，2015 年 1 月 7 日，https://bit.ly/3fgyx9p。瀏覽日期：2020 年 11 月 19 日。

16　同 12。

17　任超、吳恩融、Katzschner Lutz, 馮志雄（2012）：《城市環境氣候圖的發展及其應用現狀》，《應用氣象學報》，2012, 23(5): 593-603.

開展城市環境氣候及規劃的應用研究，2000 年開始，日本國土交通省、環境省以及日本建築學會大力推行城市環境氣候圖研究，致力減低城市的熱島效應[18]。

香港則是繼日本之後，首個進行都市氣候環境圖研究的城市。香港中文大學建築學系吳恩融教授及其研究團隊在 2006 年便開始在香港研究都市氣候環境圖，花了三年時間完成「香港都市氣候分析圖」，並提出「香港都市氣候建議圖」，因應不同地區的氣候條件，為香港規劃及發展提出策略性的指引[19]。三年後，政府進行公眾諮詢，但最終結果，所有建議均不獲納入任何建築指引或規例。

例如在「高度敏感」和「極高度敏感」區域，建議應儘可能保留區內的風道或通風廊，但結果正是位於風流通潛力低和熱能壓力高的「高度敏感」區域和「極高度敏感」區域的北角邨舊址，發展商興建了九幢豪宅。當時關注北角屏風樓問題的組織指出，該地皮於 2012 年賣出後的設計圖與 2009 年的設計圖出現嚴重落差：樓宇由四幢變九幢，樓宇之間的距離只有六米，闊 50 米的通風廊亦減至 20 米。

又例如在「政府、機構或社區設施」（GIC）等低密度建築用地上，不要再增加建築密度。政府卻在 2013 年的賣地表上把 22 幅土地須由 GIC 等用途改劃為住宅，北角邨舊址地皮對面的球場也是其中之一。這塊球場被吳教授形容為守風的門神，城規會卻批准改劃這幅土地興建一幢 34 層高的居屋，認為屋苑的設計有措施可以促進氣流，預計不會對通風構成重大負面影響[20]。

雖然吳恩融教授及其研究團隊的研究成果在香港未能得到最大化的應用，卻被國內外其他城市重用。新加坡政府根據研究，限制了有關區域發展項目的綠色覆蓋率要達 100%；武漢市政府根據研究提出的建議，規劃出需要保留和建設的空氣引導通道，不但進行實施性規劃，更將之

18　同 15。
19　規劃署（2006）：《都市氣候圖及風環境評估標準 —— 可行性研究行政摘要》，https://bit.ly/36P6l4t。瀏覽日期：2020 年 11 月 19 日。
20　同 19。

提升至法律層面。根據規劃，如果建築物在風道垂直方位所佔立面過大，將無法通過審批[21]。

　　民間環保智庫主張香港需要一個由相關政策部門組成的跨機構專責組織，負責協調建築業在 2050 年前實現碳中和的目標。所需工作包括要為業界引入碳交易，規定公司披露與氣候相關的財務資訊；透過加強上網電價計劃，以及開徵碳稅和碳關稅，推動行為變化等等[22]。這些建議都需要有魄力的政府以政策方式針對建築業界推行變革。

21　香港中文大學傳媒及公共關係處（2014）：《中大學者設計武漢通風廊道　為內地城市驅霾降溫》，2014 年 9 月 2 日，https://bit.ly/3nDMQIe 。瀏覽日期：2020 年 11 月 19 日。

22　Civic Exchange (2020): Decarbonising Hong Kong Buildings: Policy Recommendations and Next Steps. https://civic-exchange.org/report/decarbonising-hong-kong-buildings-policy-recommendations-and-next-steps/. 瀏覽日期：2021 年 5 月 3 日。

七

熱浪日常，開與不開冷氣之間的掙扎

2021 年立夏未到，香港已經熱得很，傳統的二十四節氣與現實的差距離愈來愈大。早前春分剛過，被勞工及福利局局長羅致光網誌〈氣候變化與社會福利〉一文的題目吸引，細讀內文原來只是介紹勞福局建築物如何採用節能設備和安裝可再生能源發電系統去節能減碳。當然，社會福利界要為香港爭取於 2050 年前實現碳中和盡一分力，是應該的；這也應該包括每個政府部門和社會上各行各業。但氣候變化不斷加劇貧窮人士的基本生計和生活苦況，幫助基層市民、弱勢社群應對氣候變化同時也應該是勞福局的重中之重。

熱浪下的窮人

全球暖化的情況仍在惡化中，國際氣象組織 2021 年 4 月中發表的《2020 年全球氣候狀況》報告指出，2011-2020 年是有記錄以來最暖的十年，全球平均溫度已經比工業化前（1850-1900 年）升高了大約 1.2 度。自 2015 年以來的六年是有記錄以來最暖的六年，2016、2019 和 2020 年更是有記錄以來最暖的三個年份 [1]。高溫熱浪引發的傷亡人數的增長速度也遠高於其他所有極端天氣事件。世界衛生組織（WHO）的資料顯示，從 2000 年至 2016 年，受熱浪影響的人數增加了大約 1.25 億人 [2]。

2020 年《美國國家科學院院刊》(PNAS) 發表的一篇研究文章指出，

1　World Meteorological Organization (2021): State of the Global Climate 2020 (WMO-No. 1264). WMO.

2　World Health Organization. (2017): Information and Public Health Advice: Heat and Health. WHO.

2070 年將有 20 億至 35 億人生活於致命高溫的環境，當中大多數是無力負擔冷氣費用的窮人 [3]。美國芝加哥大學的氣候影響實驗室（Climate Impact Lab）曾研究氣溫、收入和死亡率之間的關係，發現在貧窮的國家，高溫可能比全球頭號殺手癌症、心臟病更具殺害力 [4]。

2019 年熱浪襲擊歐洲，同時為印度帶來近 70 年來最嚴重的乾旱事件；同年死於自殺的農民或農業工人高達 10,281 名，佔 2019 年自殺死亡總人數 139,123 人的 7.4%。印度農民自殺率高企，1990 年代已經開始備受詬病。美國加州大學 2021 年公佈的一份研究深入分析了印度自殺率高企的原因，指出由於印度農業與農作物對氣溫變化十分敏感，只要在農作物生長季節期間氣溫上升 1 度，就會導致 67 宗農民自殺；氣溫上升 5 度，就會造成 335 宗自殺。報告指出印度似乎沒有實行任何相應措施來減低氣候變化所帶來的衝擊，自 1995 年以來有超過 30 萬名農民和農業相關工作者自殺身亡，真正的「熱到想死」[5]。

印度農民的自殺現象南多北少，因為南部經濟發展較迅速──讀者可能奇怪，為什麼經濟較好的地區反而自殺率偏高？農民作為富裕社會中的邊緣人，情況其實更為堪虞。當地銀行和金融機構都是以商業利益掛帥，加上農業深受氣候變化打擊，被視為高風險行業，借貸只能捱高利息。很多農民因為未能借貸或還款而走上絕望之路。

熱在香港「不適切居所」

2020 年香港一口氣打破酷熱、熱夜日數的紀錄，那種「熱烚烚」的

3　Xu, C., Kohler, T. A., Lenton, T. M., Svenning, J. C., & Scheffer, M. (2020): Future of the human climate niche. *Proceedings of the National Academy of Sciences*, 117(21), 11350-11355.

4　Carleton, T. A., Jina, A., Delgado, M. T., Greenstone, M., Houser, T., Hsiang, S. M., ... & Zhang, A. T. (2020): *Valuing the global mortality consequences of climate change accounting for adaptation costs and benefits (No. w27599)*. National Bureau of Economic Research.

5　Carleton, T. A. (2017). Crop-damaging temperatures increase suicide rates in India. *Proceedings of the National Academy of Sciences*, 114(33), 8746-8751.

感覺，這樣快就那麼近。不知羅局長除了感嘆本應 5 月才盛放的紅棉樹也因為氣候變化而提早開花，是否也想到炎炎夏日將至，對一眾貧窮的基層家庭來說是多麼大的挑戰？嚴重的貧窮問題一直存在於富裕的香港，根據《2019 年香港貧窮情況報告》，本港貧窮人口總數升至 149 萬人，貧窮率為 21.4%，是繼 2008 年金融海嘯後新高，每五個人就有一人生活在貧窮線下；新冠疫情令基層市民生活百上加斤，四月中政府統計處公佈香港最新失業率為 7%，即約 25.33 萬人失業，是近 17 年來高位。

身在富裕香港的窮人，在氣候變化引起的酷熱天氣下，生活需要備受重視嗎？香港這個亞洲國際都會、金融中心基本上沒有農業，不用等到氣候變化至極，農業早已被「發展」而摧毀。不過，2018 年香港社區組織協會曾在 27 個劏房、板間房和籠屋這些「不適切居所」內設置溫度計，發現超過八成的室內氣溫高於室外，當中又以天台屋最熱。按地區而言，元朗最熱，室內氣溫高達 42；其次是觀塘和深水埗。室內室外溫差則以深水埗最大，室內比室外高出 5 度。在炎熱天氣下，近一半受訪者表示因而情緒不穩；四成人失眠；兩成人表示「熱到想死」、情緒抑鬱；有三分一市民表示出現頭暈、發燒、感冒和中暑等病狀；超過四成兒童因而無法應付功課和溫習。值得留意的是，上述 3 個地區分別在香港 18 區最多貧窮人口排名第一、第六和第七。

熱，為什麼不開冷氣？在香港，先不說部分不適切居所根本沒有裝設冷氣機，很多租戶其實難以負擔夏季使用空調的高昂電費。同時，調查更發現在沒有監管措施下，不適切居所的租戶被濫收水、電費的情況比一般住戶高出幾倍；但因擔心被迫遷，很多時租戶都是敢怒而不敢言。社協 2020 年相近的調查透露，九成半受訪者都指出室內家居的溫度比室外高，單位欠缺窗戶通風是主因，不開冷氣想開窗透透風也不可能。又有三成受訪者指出，分間單位電力負荷過多，經常出現跳掣斷電，只能使用這一台電器時就不用另一台，甚或要跟鄰戶輪流用電。今時今日我們說「熱，何不開冷氣」，與古時晉惠帝在天下發生饑荒時說出「何不食肉糜」差不多。

熱到死、凍到醒與能源效益

「熱到想死」不只是抒發感受的話，現實中，熱真的會導致死亡。2003 年歐洲熱浪令 7 萬人因暑熱相關因素死亡，單是法國就有超過 1.5 萬人被熱死；2010 年在俄羅斯長達 44 天的熱浪中，有 5.6 萬多人死亡。去年日本持續高溫，根據日本總務省消防廳統計，東京都 8 月份的 103 名中暑致死的民眾當中，有 84 人在家中被發現時都無開冷氣。

氣候變遷下，熱浪成為「新常態」。可見的未來熱浪發生的頻率將會更加頻繁，更加炎熱，而且持續時間會更加長。開冷氣很多時被視為是應對熱浪的方法，學者亦指出家用冷氣機的普及化對於減低高溫相關的死亡有重大幫助[6]；因此，冷氣機的銷量也隨着氣溫上升而增長。根據美國國際能源署（IEA）數據顯示，全球冷氣機數量將會由 2020 年的 16 億台增加至 2050 年的 56 億台，即意味着在未來 30 年中，每秒售出 10 台冷氣機。同時，如果冷氣機的能源效益不變，到 2050 年冷氣機的能源所需將增加三倍以上，所消耗的電量相當於中國和印度兩國的總和，增加 120 億噸的二氧化碳[7]。

這些數字告訴我們，在應對氣候變化時，我們往往採用的方法都會為氣候帶來更大的危機——溫度升高令人更多使用冷氣機，而使用更多冷氣機導致溫度升得更高，循環不息。諷刺而悲哀的是，這本應是我們都要去承受的「共孽」，但沒有冷氣機的窮人，責任較少，傷害卻最大。

應對氣候變化，最簡單的方法之一就是減少開冷氣。香港的天文台前台長林超英曾經戲言，如果他是秦始皇，第一道聖旨就是禁開冷氣。禁冷氣是因為這一邊廂「熱到死」，另一邊廂香港環保團體綠色觸覺 2017 年的調查卻發現有超過三成人睡覺時曾因冷氣「凍到醒」。開冷氣與否，

6　Barreca, A., Clay, K., Deschenes, O., Greenstone, M., & Shapiro, J. S. (2016). Adapting to climate change: The remarkable decline in the US temperature-mortality relationship over the twentieth century. *Journal of Political Economy*, 124(1), 105-159.

7　IEA (2018): *The Future of Cooling*, IEA, Paris https://www.iea.org/reports/the-future-of-cooling

要考慮的是「應用則用」的原則，是生活習慣的調整。然而這種令都市人生活不方便、不舒適的建議，最後只會獲得「環保塔利班」的污名。

　　其實心靜不會自然涼，這是自我心態調整而已，大家心靜也不會令天氣不再炎熱，可見未來甚至只會變本加厲。單是鼓吹禁冷氣、做好「個人」節能就可以保護環境的説法，難以令大部分人信服。在冷氣問題上，更重要的是能源轉型，是城市規劃和建築設計的問題，背後必須要有政府法規和政策推動。建築物就這方面的改造方法很多，但由於多是老舊樓宇，改造工程所費不菲，環保團體擔心業主會將開支轉嫁租戶，從而引發其他副作用，2017 年年底紐約市政府一方面通過行政命令對不合作的業主加強罰則，另一方面就用低息貸款來平息他們的反對聲浪；也有好些國家將老舊建築的改造列為買賣交易程序的必要條件之一（例如德國的「能源證書」）；2018 年台灣則通過《電業法》的新條款，要求電力公司負起推動老舊樓宇能源轉型的責任[8]。社會學的訓練讓人「看見」人在氣候變化下的困難及需求，提升弱勢社群應對「熱浪日常」的韌性，不要令弱勢者每況愈下是政府當下的重大課題。

8　高宜凡（2018）：《從紐約到台灣：立法要求建築節能很難嗎？》，《綠建築》，第 50 期，頁 96-101。

八
聽見噪音問題在社區呼叫嗎？

　　因應新冠病毒疫情，一年以來在家工作、限聚令等防疫措施使人們留在家中的時間多了，隨之而增加的也許是噪音投訴。美國紐約市民熱線 311 的統計數據透露，疫情期間受「封城」等政策限制，上班前和下班後建築類型等噪音投訴明顯下降；然而，噪音投訴總數量卻大幅上升。截至 2020 年 11 月 18 日，熱線接獲 733,000 宗投訴，較 2019 年全年的478,000 宗大幅增加 53%。當中許多類別跟近距離發生的噪音事件有關，例如有關在家聽到敲打聲的投訴大約就有 76,000 宗，比 2019 年全年的65,000 宗增加近 17%[1]。

　　相似地，歐洲感染率最高的國家之一荷蘭，自 2020 年 3 月份疫情爆發後實施「封鎖」措施，噪音投訴的數字由 2 月的 7,612 宗增加至 3 月的10,652 宗，更有持續上升趨勢；警方 7 月就收到近 20,000 宗投訴，比前一年同期增加近 7,000 宗，增幅超過五成[2]。再看亞洲的情況，疫情嚴重的日本東京都，2020 年 5 月警視廳就表示之前兩個月有關噪音的投訴個案較 2019 年同期增加近三成，當中更有因噪音問題差點引發謀殺案，事緣一名 60 歲男子疑不滿鄰居腳步聲及說話聲太大，用菜刀刺傷 38 歲鄰居[3]。

1　　Troutman, M. (2020): Noise Is Driving Stuck-At-Home New Yorkers Nuts, 311 Data Shows, *Patch*, 27 November, http://bit.ly/38fp8gN (accessed date: 4 January 2021).

2　　Séveno, V. (2020): Lockdown leads to rise in noise complaints against neighbours, *IAM-EXPAT*, 21 September, http://bit.ly/38aIBPz (accessed date: 4 January 2021).

3　　香港電台中文新聞（2020）:《日本警方憂慮疫情下民眾增加在家時間添鄰里糾紛》，2020 年 5 月 20 日，http://bit.ly/3pLVVj8。瀏覽日期：2021 年 1 月 4 日。

對噪音習以為常？

也許大家會認為這些是極端個案，其實因噪音而傷人的新聞屢有所聞，香港也時有發生。2019 年深水埗兩名男士因噪音問題爆發激烈口角，當中一人被襲，眼部受傷[4]；2018 年九龍城兩名婦人為照料幼兒和聽歌聲浪問題爆發衝突，演變成出拳傷人、揮舞菜刀，險些釀成血案[5]。

香港城市人口稠密，建築物密集，噪音投訴情況如何？有趣的是，按沙田警區回應區議員書面問題時提供的數據顯示，2020 年 1 月至 8 月間接獲超過 2,200 宗投訴，原來比過去三年同期平均接獲逾 2,900 宗為低[6]。2020 年 10 月立法會資料研究組整理有關香港噪音污染的最新數據也顯示，自 1989 年制定《噪音管制條例》後，噪音污染的投訴個案由 1999 年的 10,034 宗下跌至 20 年後的 5,099 宗[7]。噪音問題似乎改善了嗎？《人民日報》海外版也盛讚香港對噪音源「知根知底」，抓得準、管得好[8]。

其實，投訴減少是否因為香港人很「習慣」噪音？例如，按政府估算香港有 90 萬人受到交通噪音影響，但 2019 年相關投訴只有一百餘宗，佔整體數字 3% 而已[9]。2015 年香港中文大學地理與資源管理學系客座教授林健枝與澳洲和荷蘭的專家發表研究論文，比較亞洲和歐洲密集城市對道路噪音污染的情況及影響，提到香港的噪音污染普遍高於歐洲

4　東方日報（2019）：《中年漢與鄰居噪音問題吵大鑊　遭人出手打傷眼》，2019 年 5 月 13 日，http://bit.ly/2X6zitz。瀏覽日期：2021 年 1 月 4 日。

5　星島日報（2018）：《登門投訴鄰居噪音　兩婦拳頭菜刀大戰》，2018 年 4 月 1 日，http://bit.ly/3hEL1c9。瀏覽日期：2021 年 1 月 4 日。

6　沙田區議會秘書處（2020）：《沙田區居民疫情期間在家運動和相關噪音問題》，CSCD 57/2020，2020 年 10 月 29 日，https://bit.ly/2KOlyRP。瀏覽日期：2021 年 1 月 4 日。

7　立法會秘書處資訊服務部資料研究組（2020）：《香港的噪音污染》，ISSH03/20-21，2020 年 01 月 29 日，https://bit.ly/2X9bVzq。瀏覽日期：2021 年 1 月 4 日。

8　張慶波（2018）：《治理噪音，香港有一手》，《人民日報》海外版，2018 年 12 月 21 日，https://bit.ly/2JEtyEa。瀏覽日期：2021 年 1 月 4 日。

9　同 7。

國家，但香港人對噪音的容忍程度卻普遍較西方人高[10]。2017年德國米米聽力科技（Mimi Hearing Technologies）結合世界衛生組織和挪威科技工業研究院（SINTEF）的資料，為全球城市噪音污染程度排名，50個城市之中香港「名列前茅」在第17位，聽力年齡高於真實年齡逾14年（榜首是廣州，成為全球最嘈城市）[11]。

　　香港人「習慣」噪音污染，可能因為市民對噪音的影響不太了解，以為只是影響情緒和聽覺。2011年世衛與歐盟發佈有關噪音污染對健康影響的研究報告指出，噪音對許多短期和長期的健康威脅其實被低估，它不但使人煩躁和睡眠差劣，更會引致或觸發心臟病、學習障礙和耳鳴等疾病，進而減短壽命。醫療文獻也顯示急性噪音容易引起高血壓問題，低頻噪音容易引起神經衰弱和抑鬱症，對老人家威脅特別大。噪音污染導致歐盟每年因健康、殘疾或早逝而失去超過100萬健康年，即每人每年失去接近一個健康日[12]。

噪音管理也有階級之別？

　　《噪音管制條例》制定了各類高噪音活動和設備的噪音上限，建築地盤的打樁噪音、工商場所的通風和空調系統的噪音都受到管制。正如環境保護署跟大家「想當年」，1980年代香港經濟起飛，到處大興木土，建築地盤無處不在，一星期六天每天12小時操作打樁機，噪音彷彿避無可避。當時全港550萬人口中，有多達200萬人分別受建築地盤、工廠、商業及家居噪音滋擾，每年有40萬人要忍受撞擊式打樁機的噪音、

10　Brown, A. L., Lam, K. C., & van Kamp, I. (2015): Quantification of the exposure and effects of road traffic noise in a dense Asian city: a comparison with western cities. *Environmental health: a global access science source*, 14, 22. https://doi.org/10.1186/s12940-015-0009-8.

11　World Economic Forum (2017): These are the cities with the worst noise pollution, http://bit.ly/356fNpf (accessed date: 4 January 2021).

12　World Health Organization (2011): *Burden of disease from environmental noise-Quantification of healthy life years lost in Europe*, https://bit.ly/2MvtcAZ (accessed date: 4 January 2021).

超過 100 萬人受交通噪音困擾、38 萬人生活在飛機噪音之下，生活甚不安寧。《條例》通過之後第一個十年，投訴數字飆升到原來的五倍（1989年噪音投訴只有 2,004 宗）。1990 年代香港經歷「去工業化」，十年間本地工廠大幅消失近六成；啟德機場遷往赤鱲角，每天受飛機噪音滋擾的市民即時減少 [13]。隨着社會發展，在一定程度上的確降低了噪音污染。但這並不代表香港在控制噪音污染方面令人滿意。

今天，九龍區還有近五分之一人口飽受交通噪音之苦，油尖旺區更高達差不多四分之一，老年人口比例最高的地區之一觀塘，就有近十萬人受此煎熬 [14]。2017 年香港大學修讀城市研究的學生發表「骯髒的聲音 —— 西區的交通噪音污染對居民的影響」，發現 1,500 幢樓宇中有四成每日承受最少一小時的超標噪音困擾，當中 60 幢面向主要道路的樓宇更是全天 24 小時受累於此 [15]。

況且你有你法規，污染者也自有過牆梯。根據現時《條例》的刑罰，不論噪音滋擾程度，一律以罰款了事，初次定罪最高罰款額為港幣十萬元，其後每次定罪最高罰款 20 萬元，這對大財團有多少阻嚇力？以建築噪音為例，環保署也自知這問題並未徹底解決，承認很多建造業公司「把罰款納入經營成本」[16]；數字告訴我們：2018 年對建築噪音罪行的平均罰款僅為 9,200 元，是初次定罪最高罰款額的不足 10%[17]。另一貼身例子是連鎖經營蔬菜店「家農優質果菜」，2018 年三家分店（大埔廣福道、鄉事會街以及元朗合財街）持續大聲播放叫賣宣傳錄音，被裁定違例並被

13　環保局（2012）：《香港環境保護 1986-2011》，http://bit.ly/37T6ydZ。瀏覽日期：2021 年 1 月 4 日。

14　研數達人（2020）：《噪音污染｜邊區最多居民飽受交通噪音之苦？有一區最多噪音投訴！》，《香港 01》，2020 年 12 月 6 ，http://bit.ly/388tUfl。瀏覽日期：2021 年 1 月 4 日。

15　香港大學（2017）：《「骯髒的聲音」港大城市研究本科生憑研究西區交通噪音影響居民奪地理信息系統國際獎項》，2017 年 6 月 26 日，https://bit.ly/38UMG9L。瀏覽日期：2021 年 1 月 4 日。

16　環境保護署（2020）：《噪音》，http://bit.ly/38aSPzu。瀏覽日期：2021 年 1 月 4 日。

17　環境保護署（2020）：《2018 年根據〈噪音管制條例〉採取的執法行動及統計數字》，http://bit.ly/2X5WTe3。瀏覽日期：2021 年 1 月 4 日。

判罰款 14,000 元 [18]，翌年再有三家分店被檢控及判款 27,000 元；雖然公司董事也因屢次違規而須負上個人刑責，但罰款承惠 1.2 萬大元 [19]，這數目根本不足以令不同社區街坊免受叫賣聲困擾。

締造優良聲音景觀

　　歐盟十分注重噪音的規管工作。2018 年世衛更新 2009 年發佈的《噪音風險的指南》，除了舊版已有的公路交通、鐵路和航空噪音之外，新版增加風力渦輪機和休閒娛樂活動噪音兩項，為日常生活常見的噪音風險設定對人類健康不同的安全限制。最新指南建議公路交通噪音平均水平應控制在 53 分貝以下、夜間 45 分貝以下；風力渦輪機噪音平均水平應控制在 45 分貝以下；夜總會、音樂會等娛樂噪音源的年平均水平總和不應超過 70 分貝 [20]。上述的全球城市噪音污染程度排名，程度最低的四個城市都在歐洲，依次是蘇黎世、維也納、奧斯陸和慕尼黑。

　　如果香港也為娛樂噪音源定下安全限制，旺角行人專用區或可避過「被殺」的命運。那裏多年來因為街頭表演噪音問題屢遭居民商戶投訴，行人專用區最終在 2018 年結束。民間組織「拓展公共空間」祕書長葉紫盈便建議為噪音水平立法，認為政府可以針對西洋菜街訂立噪音標準、容許歌聲和音樂聲音的水平，讓警方有法可依，對違規的表演者進行規管；立法會議員邵家輝也提出設立表演發牌制度或噪音水平管理方法，但過去與政府代表及分區委員開會時提及，官員們以涉及範疇太多、很難處理為由將之擱置，迄今不了了之 [21]。很多表演者從西洋菜街轉戰尖沙

18　蘋果日報（2018）：《內地女菜店大聲播錄音叫賣再違法　第 3 次被控罰 1.4 萬》，2018 年 7 月 24 日，http://bit.ly/3s0l4Yq。瀏覽日期：2021 年 1 月 4 日。

19　明報（2019）：《「家農」再 3 菜檔噪音擾民共罰 2.7 萬　公司董事屢違規罰款 1.2 萬》，2019 年 7 月 16 日，https://bit.ly/387jCfY。瀏覽日期：2021 年 1 月 4 日。

20　World Health Organization (2018): *Environmental Noise Guidelines for the European Region*, https://bit.ly/3hFTaNz (accessed date: 4 January 2021).

21　林可欣（2018）：《【旺角行人專用區殺街】料最快數月後行車　團體批「城市大倒退」》，《香港 01》，2018 年 5 月 24 日，http://bit.ly/3rQyYNK。瀏覽日期：2021 年 1 月 4 日。

咀碼頭，噪音問題其實未有解決，只是轉移到另一個地方而已。

　　林健枝教授接受《明報週刊》訪問時當頭棒喝：香港政府管理聲量環境的方向，主要是除去市民所厭惡的噪聲，是消極的做法。世界已經在轉變，現在的聲量管理更着重締造優良的聲音景觀（soundscape），一種從多角度探討聲音的環境，着重喚起大眾對聲音的意識，記錄環境中的聲音及其特色變化，並推動聲音景觀作為應對噪音的措施[22]。這種積極的做法，值得特區政府在制定環保政策時借鑑。

22　陳伊敏（2014）：《【靜土何處尋】總有一條路在左近　50 萬人受交通噪音干擾》，《明報週刊》，2014 年 5 月 3 日，http://bit.ly/38b2A0z。瀏覽日期：2021 年 1 月 4 日。

九
古蹟保育：收成還是寒冬？

　　2018 年 10 月 28，時任財政司司長陳茂波發表網誌《盛事、文化、深度遊》，提及「大館」和孫中山史跡徑於 2018 年先後開幕及完成翻新，加上附近的「元創方」，使中西區的歷史古蹟旅遊路線變得「更為立體和完整」，可謂古蹟旅遊項目的「收成期」。「大館」開幕半年已經吸引過百萬人次參觀，更揚威國際，被《時代》週刊評選為 2018 年「全球百大最佳地方」之一，在倫敦舉行的 2018 主要文化目的地頒獎典禮上榮獲「年度最新文化目的地－亞太區」獎。然而古蹟保育的熱鬧背後，卻是舉步維艱。

民間團體的努力

　　「大館」和「元創方」是「保育中環」計劃八大項目之二，孫中山史跡徑是政府為推動香港旅遊業的政策成果；然而，「大館」前身的建築群曾經被空置了 12 年，原來打算進行商業招標；「元創方」所在的荷李活道地皮，曾經打算拍賣改建為 50 層高的大廈。

　　「大館」前身為中區警署、中央裁判司署及域多利監獄三組建築物組成的建築群，早於 1995 年就根據《古物及古蹟條例》被列為法定古蹟。不過，當時政府並未有一套有系統地評核和保護文物的策略，因此一直未有為建築群制定保育方案。2003 年前特首董建華以振興經濟為理由，考慮將古蹟群發展成為文化旅遊項目，交由經濟及勞工局轄下的旅遊事務署負責規劃，進行商業招標，引起社會關注和爭議。當時的民間關注

1　陳茂波（2018）：《盛事、文化、深度遊》，香港特別行政區政府新聞網，2018 年 10 月 28 日，https://bit.ly/36LdEzx 。瀏覽日期：2020 年 11 月 17 日。

團體進行民意調查、歷史研究，要求政府擱置計劃。政府終於在 2007 年放棄商業招標，改為以非牟利模式活化建築群。結果是由香港賽馬會承擔古蹟群的翻新工程和發展費用，支付管理、維修保養開支以至營運虧損[2]。在公民社會的關注和努力之下，「大館」得以進行非牟利模式活化，獲得當前成績。

「元創方」位於中環荷李活道與鴨巴甸街交界，前身為荷李活道已婚警察宿舍，現時活化成為新一代文創地標。歷史學家指出原址最早期是一座城隍廟，是第一座由華人興建的社區建設；1876 年被政府購入，興建成為中央書院（皇仁書院前身），是香港首間為公眾提供高小和中學的官立學校；直到 1951 年改建成兩座已婚員警宿舍及少年警訊會所，是全亞洲首座興建給已婚員佐級華裔警員居住的宿舍[3]。政府早於 1998 年將地皮改為住宅用地，2000 年收回土地，2005 年有意將之拍賣，興建住宅大廈。當時關心中西區保育發展的民眾成立關注團體，兩次向城規會提出規劃申請，將用地改為公共休憩空間及政府、機構和社區用途。諮詢期間，該申請共收到逾千份意見書，數量之多是當時罕見[4]。在地區關注團體的努力和歷史考證下，地皮終在 2007 年成功被政府剔出勾地表，得以倖存並活化成為「元創方」。

收成期還是寒冬期？

在保育人士眼裏，「大館」和「元創方」的成功未必代表近年古蹟保育工作進入了收成期，更有可能進入了「寒冬期」——無論私人或政

2　黎廣德（2018）：《大館重生：公民覺醒的歷史見證》，《明報》，2018 年 6 月 5 日，https://bit.ly/36JYvOO。瀏覽日期：2020 年 11 月 17 日。

3　中西區關注組（2007）：《不能斷裂的歷史脈絡：我們為什麼要保護荷李活道中央書院遺址》，獨立媒體，2007 年 2 月 14 日，https://bit.ly/3f84gK3。瀏覽日期：2020 年 11 月 17 日。

4　中西區關注組（2007）：《從荷李活道中央書院古蹟的去留看文物保育政策的承諾與實踐》，立法會 CB(2)1625/06-07(01) 號文件，https://bit.ly/2HUxQ9M。瀏覽日期：2020 年 11 月 17 日。

府歷史建築物都遭到發展和重建的破壞。《端傳媒》於 2017 年曾向發展局文物保育專員辦事處查詢清拆數字，確認有一幢一級歷史建築，六幢二級或擬議二級歷史建築，以及 20 幢三級或擬議三級歷史建築，總共 27 幢歷史建築已被清拆[5]。其中如「大城小區 — 深水埗」，雖說是 2018 年旅發局重點宣傳項目，投資 1,200 萬元推廣景點，但令人費解的是當中推薦的「嘉頓中心」於差不多同時被城規會有條件通過重建申請，將改建為 25 層高的大樓[6]。

香港現時的歷史建築物評級制度只是行政制度，就算建築物因為具有文物價值而獲得評級，也不受《古物及古蹟條例》保障，官僚和私人業主依然有權將之拆卸重建。評審工作雖然有六項標準，但就被批評為只着重建築物獨立的建築和歷史價值，而少有宏觀地以整個社區來審視[7]。北角皇都戲院評級爭議時，民間關注團體曾質疑專家小組輕視社會價值，並摘錄專家在電台訪問時就皇都戲院社會價值的一些說法：「睇過戲係幾時嘅人呢？劧極都只係 50 年前嘅人。」「集體記憶係『集』邊個嘅『體』……鄧麗君我個仔已經唔識啦！」[8] 鄧麗君是我們父母一代的偶像，家中常常播放着她的名曲，是我們與父母的共同記憶，是兩代人緊密連繫着的感情。文化保育就是要把歷史與現在以至下一代連繫起來，才能傳承下去。專家的言論正正反映出這種「由上而下」的評審制度忽視古蹟所承載的社會價值。

立體、完整？

中西區是香港最早發展的政治、司法、金融中心，是香港保育價值

5　鄧子盈（2017）：《在香港，怎樣才能拯救一座歷史建築？》，《端傳媒》，2017 年 1 月 11 日，https://bit.ly/3mnhgy6 。瀏覽日期：2020 年 11 月 17 日。

6　立場新聞（2018）：《城規會通過拆嘉頓中心　改建 25 層大樓　僅需保留時鐘麵包師傅標誌》，2018 年 9 月 21 日，https://bit.ly/2Jw94gk 。瀏覽日期：2020 年 11 月 17 日。

7　同 4。

8　陳智遠（2016）：《【保育我城】文物評級建議還可信嗎？從皇都戲院說起》，《明報》，2016 年 6 月 6 日，https://bit.ly/3o6hQ3R 。瀏覽日期：2020 年 11 月 17 日。

極高的「歷史城區」，早於 2004 年政府提交的《文物建築保護政策檢討諮詢文件》已提出「點、線、面」的保育理念[9]。可惜，當時中西區未能以「歷史城區」的概念進行保育，天星碼頭及皇后碼頭先後於 2006 及 2007 年拆卸。還看彼鄰的澳門，以舊城區為核心，相鄰的主要街道和廣場為「點、線、面」，包括 22 座歷史建築物及 8 個廣場前地，於 2005 年成功申請成為世界文化遺產[10]。相比起澳門「歷史城區」至今基本上仍能完整地保持原貌，香港中西區歷史古蹟的保育，仍未談得上立體和完整。

城市要發展，古蹟要保育，把古蹟與旅遊結合本應是相得益彰的。然而當「中環價值」主導古蹟旅遊，過分側重商業利益和吸引遊客，區內居民反而變成「局外人」。事實上，「活化歷史建築夥伴計劃」列明項目的「社會價值」才是評審的主要準則，香港的保育政策卻太受經濟和政治相關考慮影響。學者提醒大家聯合國教科文組織提出的歷史城市景觀保育方法是通過保護城市中的文化景觀作為基礎，達到社會和經濟的可持續發展，這種模式可以為香港保育帶來新出路[11]；而其實內地許多城市（例如上海）都已經予以採用。

9   民政事務局（2004）：《文物建築保護政策檢討諮詢文件》，https://bit.ly/36kU2TH。瀏覽日期：2020 年 11 月 17 日。

10   澳門世界遺產網站：《文物點介紹》，https://bit.ly/3fQgEyG 。瀏覽日期：2020 年 11 月 17 日。

11   Lee, H. Y., Cummer, K., & DiStefano, L. D. (2018). From crisis to conservation: a critical review of the intertwined economic and political factors driving built heritage conservation policy in Hong Kong and a possible way forward. *Journal of Housing and the Built Environment*, 33(3), 539-553.

十
綠色本地遊「殤」機處處？

「綠色旅遊」的定義

　　2020 年 6 月中旬港府推出「綠色生活本地遊鼓勵計劃」優化措施。把原本每接待一名本地旅客參加本地綠色旅遊團便可獲得 100 元的資助增加至 200 元，每間旅行代理商可申請的人數上限增加至 1,000 名，可獲得的鼓勵金最高總額亦由 5 萬元增至 20 萬元[1]。商務及經濟發展局和環境局於 2019 年底推出「綠遊計劃」，然而受新冠疫情影響，資助計劃參與度極低，旅遊業議會透露截至 2020 年 2 月底只有兩家旅行社申請[2]。

　　北歐旅遊業研究學院（Institute for Tourism Research）聯席總監 Ulf Sonntag 相信，疫症全球大流行或令人們反思旅行其實不一定總是要去那麼遠；英國旅行社 Fresh Eyes 創辦人 Andy Rutherford 在接受 BBC 訪問時也指出疫症或使傳統遊輪、長距離旅行失去吸引力，焦點會重新回到綠色科技以及應對氣候變化[3]；旅遊媒體網站「Tourism Review」認為人們在揀選旅遊目的地時會更偏向本地旅遊及傾向探索大自然[4]。疫情似乎令綠色本地遊變成大勢所趨。

　　香港自然景觀確是名聞遐邇：麥理浩徑被《國家地理頻道》選為「全球 20 大夢想遠足徑」之一；港島徑第八段的龍脊也被《時代》週刊（亞

1　香港特別行政區政府新聞公報（2020）：《政府加倍資助綠色生活本地遊起動旅遊業》，2020 年 6 月 18 日，https://bit.ly/3pT9VlO 。瀏覽日期：2020 年 11 月 25 日。

2　黃金棋、勞敏儀（2020）：《僅兩旅行社獲本地綠色遊資助　旅行社：疫情下無生意　計劃零幫助》，香港 01，2020 年 3 月 8 日，https://bit.ly/39falhy 。瀏覽日期：2020 年 11 月 25 日。

3　Siret, M. (2020): Coronavirus: What global travel may look like ahead of a vaccine, BBC, May 3, https://bbc.in/36iX8Yo (accessed date: November 25, 2020).

4　Wein, A. J. (2020): Back To The Future: The Post-Covid-19 Tourism Trends, Tourism Review, May 4, https://bit.ly/3ocoTb5 (accessed date: November 25, 2020).

洲版）選為亞洲區「最佳市區遠足徑」；世界級旅遊指南 *Lonely Planet* 推薦多條遠足行山徑，包括已獲聯合國教科文組織認可的香港世界地質公園和荔枝窩自然步道等。台灣自然文學作家劉克襄 2014 年出版的《四分之三的香港》寫道：「因為行山穿村，我幸運地邂逅了隱藏版的香港，一個比購物和美食更獨特、更有魅力的香港。」在世人眼中，香港的本色其實是綠色的。

國際生態旅遊協會（TIES）將生態旅遊定義為一種對環境負責的模式，當中包含自然保育、尊重當地社區資源及文化，以及可持續發展[5]。聯合國環境總署也闡釋生態旅遊應以大自然為本、觀察及欣賞大自然和當地傳統文化，並以自助旅遊或小組方式進行[6]。

在香港，「綠色旅遊」似乎未有一個官方與民間所共識的定義。根據2019 年立法會《資訊述要》有關「綠色旅遊」的研究刊物，「綠色旅遊」一詞統稱自然景區的旅遊活動[7]。旅遊界立法會議員姚思榮曾經慨嘆現時業界對「綠色旅遊」掌握不足，不少旅行社仍舊停留在傳統的帶隊「鴨仔團」，在行程內加入一至兩個生態旅遊景點。結果，團友在生態景點來去匆匆，重頭戲始終是海鮮餐和購買海產手信[8]。「綠色旅遊」就只是「郊區一日遊」，什麼了解保育環境重要性、珍惜香港生態資源、尊重當地社區資源及文化……，其實「專業」導遊也缺乏了解。

「生態旅遊」不能破壞生態

回想 2003 年 SARS 期間，香港曾經牽起一陣「綠色旅遊」熱潮，每

5　The International Ecotourism Society (2019): What Is Ecotourism?, https://bit.ly/3qawClF (accessed date: November 25, 2020).

6　UN Environment Programme (2002): Ecotourism: Principles, Practices & Polices for Sustainability, https://bit.ly/3mqTgu4 (accessed date: November 25, 2020).

7　林俊宇（2019）：〈綠色旅遊〉，立法會祕書處資訊服務部資料研究組，ISE10/18-19，2019 年 9 月 24 日，https://bit.ly/3mm1dR3。瀏覽日期：2020 年 11 月 25 日。

8　吳東偉（2020）：〈【旅遊寒冬】本地生態遊具發展潛力　長遠轉型需注入新思維〉，《香港 01》，2020 年 3 月 26 日，https://bit.ly/3o0sBVo 。瀏覽日期：2020 年 11 月 25 日。

到假日郊野公園都遊人如鯽。但不久「自由行」上馬，香港旅遊大幅度向零售及服務業傾斜，「綠色旅遊」瞬間被遺忘。今天它再次被提起，計劃的資金雖然是由環境局撥款資助，但環保團體舉辦的生態導賞團卻未能受惠；有相關的環保團體表示，這計劃只為增加旅客人數，無助提升市民對自然生態的認識[9]。

深度遊「活現香港」的創辦人陳智遠感慨「自由行養懶旅遊業」[10]，「自由行」讓香港陶醉在「五光十色」的輝煌，「綠色旅遊」的發展長年缺乏政策支援，幾近原地踏步。2019 年立法會資料研究組曾應姚思榮議員委託，研究選定地方的生態支援政策，當中指出五大關注事項：一、缺乏整體政策綱領，不利各個政策局協調發展生態旅遊；二、支援配套設施不足；三、保育生態旅遊地點在旅客人數增加下帶來的挑戰；四、符合資格的生態導遊短缺，未能為旅客提供深入導賞；五、對本地及外國旅客宣傳不足[11]。

有趣的是，上述五項關注事項跟 2003 年 SARS 之後一項「生態旅遊調查」的結果十分相似[12]，調查結果反映了三大問題：一、近年往郊野或具生態價值地點遊人增加，活動頻繁，已經對這些地點構成嚴重威脅；二、市民對生態旅遊認識不足，它除了着重體驗和認識大自然外，也需要減少對大自然的影響及資源的消耗，小組成團亦是基本條件之一，但市民對此不太清楚；三、遊人增加，但自然生態地點的配套設施卻未能相應改善，以致現有設施不勝負荷，環境衛生亦大受影響。

研究總結了當時香港生態旅遊發展的最大問題是「缺乏整體的規劃」，以致生態環境面對壓力，而配套設施又未能應付大量遊客。報告向

9　明報（2020）：《環團不受惠　憂旅界「去掘蜆」》，2019 年 12 月 24 日，https://bit.ly/3fTkTJH。瀏覽日期：2020 年 11 月 25 日。

10　明報（2017）：《旅業新丁陳智遠：傳統旅業走到末路》，2017 年 6 月 29 日，https://bit.ly/3qdWtiV。瀏覽日期：2020 年 11 月 25 日。

11　立法會祕書處資料研究組（2019）：《選定地方促進生態旅遊的支援政策》，RT08/18-19，2019 年 5 月 31 日，https://bit.ly/2I11zhm。瀏覽日期：2020 年 11 月 25 日。

12　羅致光（2003）：《生態旅遊調查結果公佈：慎防旅遊破壞環境，民主黨促制訂自然及生態旅遊持續發展策略》，民主黨，2003 年 10 月 17 日，https://bit.ly/39CBkJc。瀏覽日期：2020 年 11 月 25 日。

政府提出七項建議：

1. 推廣具環境責任的自然及生態旅遊方式，儘量減少旅遊對生態環境造成的損害；

2. 列明發展自然及生態旅遊的地點，以令市場、公眾及遊客有清晰指引；生態極敏感的地方不能作群眾性的生態旅遊；

3. 為供群眾性參觀的自然及生態旅遊地點採取妥善的管理政策，並評估地點的承受能力，如有需要，需定出參觀人數的限制；

4. 促進自然及生態旅遊業建立認證制度，使旅遊業邁向專業化；

5. 在可供群眾性參觀的郊野和生態保育地點，改善這些地點的基礎配套設施，如公共交通服務、洗手間、路線指示牌及生態詮釋牌；

6. 教育及宣傳觀賞生態守則，減少市民不良的旅遊習慣；

7. 在制訂策略時，需提供渠道，吸納使用者的意見，令使用者有歸屬感，共同保育這些地點。

細看上述的立法會研究資料，周邊的國家、地區對發展生態旅遊積極進取：澳洲和台灣分別在 1994 年和 2002 年頒佈《國家生態旅遊策略》、《生態旅遊白皮書》，為生態旅遊訂下明確的目標及發展策略；當中包括生態旅遊地點管理、認證、培訓及推廣等政策範疇的工作，同時亦包括影響監察評估，確保生態旅遊項目不會超出景點負荷。其實制訂專門的政策檔或法例、環境監察評估機制、生態導遊與經營者認證計劃等工作，十多年前已有香港立法會議員研究並提出，但時隔多年，這方面的工作仍舉步維艱。

筆者同事張定安博士在 2015 年曾就香港人的環保知識（environment knowledge）進行調查，結果發現知識水平不及格，平均得分是在 8 分滿分中只有 3.35 分 [13]。

港人缺乏生態保護知識，反令生態旅遊對環境造成傷害。根據漁農

13　Lewis T.O. Cheung, Lincoln Fok, Eric P.K. Tsang, Wei Fang & H.Y. Tsang (2015): Understanding residents' environmental knowledge in a metropolitan city of Hong Kong, China, Environmental Education Research, 21:4, 507-524, DOI: 10.1080/13504622.2014.898247.

自然護理署統計，自 2008 年至 2017 年每年均錄得超過一千萬人次遊覽郊野公園。遊客多，垃圾更多，每年漁護署收集到超過 3,000 噸垃圾，相等於 600 隻大象的重量 [14]。大埔滘自然護理區每逢夏季成為「螢火蟲觀賞團」的熱門地點，多家旅行社推出廉價「夜探螢火蟲」親子團，週末期間更有數百人上山看螢火蟲。生態旅行團卻變成生態災難團，夜間照明造成燈光污染，影響當地動植物的棲息習慣；無數青蛙、蜈蚣被踩死，沿途山路都變成垃圾路 [15]。貝澳及水口灣因蜆類繁多，吸引大量遊客將之成為摸蜆「聖地」，環保團體自 2018 年起在水口對蜆類進行生態調查，發現其中一種蜆類「沙白」在 30 年間大量消失 [16]。

「自由行」令情況加劇。2019 年「五一黃金週」大批內地旅客進駐鹹田灣紮營，有當地村民目測約有 500 至 600 人搭起 200 個帳篷，耍樂後遺下大批垃圾 [17]。除了影響衛生環境外，露營者更過度捕捉海洋生物，破壞生態自然。2019 年也有內地客非法到吉澳鴨洲露營，更捕捉大量海鮮大快朵頤。2020 年 5 月有網民在內地社交平台「小紅書」發現有人熱烈分享在香港芝麻灣檢拾海星、海參的經歷，相中所見有數桶海星、蠔類、貝殼等海洋生物，「收穫」豐富 [18]。

說穿了，「綠色旅遊」雖然能成為商機，但若沒有成熟的政策及長期教育配合，對大自然而言更是「殤」機處處。若政府以商業角度考量，以促進本土經濟發展為目標，所謂推動「綠色旅遊」的方案只是提供經濟利誘，對生態旅遊的配套支援卻付諸闕如，亦沒有顧及旅客增加對環

14　綠色和平（2018）：《五個理由，立即守護香港郊野公園》，2018 年 3 月 21 日，https://bit.ly/3mqYhTs 。瀏覽日期：2020 年 11 月 25 日。

15　香港經濟日報（2017）：《平價螢火蟲團醞釀生態災難　夜行生物被踩死》，2017 年 7 月 31 日，https://bit.ly/2JpbVIj 。瀏覽日期：2020 年 11 月 25 日。

16　黃文軒（2019）：《【生態大災難】水口、汀角等沙白近絕跡　環團倡摸蜆太細隻應放生》，《香港 01》，2019 年 6 月 19 日，https://bit.ly/2HZ7Ijw 。瀏覽日期：2020 年 11 月 25 日。

17　香港經濟日報（2019）：《內地旅行團千人湧西貢露營　200 個帳幕「營海」攻陷鹹田灣》，2019 年 5 月 2 日，https://bit.ly/3qjfctg 。瀏覽日期：2020 年 11 月 25 日。

18　香港經濟日報（2020）：《【生態災難】港人內地妻子「小紅書」發攻略文　教人到芝麻灣捉海星挖貝殼》，2020 年 5 月 31 日，https://bit.ly/2JwKk80 。瀏覽日期：2020 年 11 月 25 日。

境造成的影響，生態保育最終只是淪為吸引遊客的賣點。到訪自然景區不就等如是綠色旅遊。立法會秘書處資料研究組整理了亞太區成功發展生態旅遊的經驗（包括澳洲、日本、南韓和台灣），總結出四個最重要的元素：探索自然、保育生態旅遊地點、由合資格的生態導遊提供導賞，以及對當地社區作出經濟貢獻[19]。那麼，要獲得「綠色生活本地遊鼓勵計劃」資助，最低限度也應該要以合資格的生態導遊帶隊，以小組方式進行，才符合申請資格吧？

19　立法會秘書處資料研究組（2019）：《選定地方促進生態旅遊的支援政策》，RT08/18-19，2019 年 5 月 31 日，https://bit.ly/2l11zhm。

十一
單車出行：交通工具？消閒活動？

　　《2019 至 20 財政年度政府財政預算案》談「明日大嶼」願景、交椅洲填海及基建工程，有關建設策略性道路和提高交通運輸效率方面，再不見提及單車了 ── 我們有這期許上的「誤會」，是不是有點自討沒趣？不過，只是此前數個月，《行政長官 2018 年施政報告》也談「明日大嶼」願景、交椅洲填海及基建工程，就清楚提及單車徑網絡、實踐綠色生活。更重要的是，特首林鄭月娥在 2016 年以政務司司長身份發表對香港的八個新願景時已經提出單車有一個「新任務」：「令我們這個城市更易行、易達，空氣更清新……，希望單車能夠協助城市的全面發展。[1]」她表示自己過去多年都很支持單車，無論作為一種局部交通工具，或者是一種消閒活動。如果回溯她這些承諾過的新任務，我們的「誤會」豈不更大？

國際都會對單車的主流定位

　　規劃署文件《香港規劃標準與準則》的內部運輸設施部分，列明單車設施的「一般目標」，開宗明義就是「在香港，踏單車基本上是一種康體活動。[2]」

　　香港的道路規劃仍未改變對單車的定位，環顧其他跟香港在各樣條件都可堪比較的大城市（都市發展模式、人口密度等等），對單車的定位

1　林鄭月娥（2016）：《秉一國兩制　拓香港願景》，香港特別行政區政府新聞公報，2016 年 11 月 28 日，https://bit.ly/2TpMbwY。瀏覽日期：2019 年 3 月 1 日。

2　規劃署（2019）：《香港規劃標準與準則》，https://bit.ly/2TwDMaU 。瀏覽日期：2019 年 3 月 2 日。

早已革新，政府均認真和切實地鼓勵市民以單車出行，希望它可以成為市民上班代步的重要工具，例如：

- 北京：特區政府高官應該比較關心國情吧？早在 2004 年，北京市政府發表的《北京城市總體規劃（2004—2020 年）》中就提出發展單車交通的政策，提出「步行和自行車交通在未來城市交通體系中仍是主要交通方式之一。[3]」北京市交通委主任周正宇要「宣導恢復騎行」，將北京綠色出行比率提高到 75%[4]。

- 倫敦[5]：也是「紐倫港」之一的國際大都會，前市長（後來的國家首相）約翰遜在 2013 年就發表了《市長對倫敦十年的單車願景》，改造倫敦的騎單車環境（他以身作則騎車上班的形象大家還記憶猶新吧？）。《倫敦規劃 2016》更訂下目標，在 2026 年前把單車在各種交通工具所佔的使用比例提高至最少 5%，在 2018 年的《市長交通策略》重申「要令單車成為全民方便易用的交通工具」。

- 新加坡[6]：也是「四小龍」之一，在 2013 年更新《全國單車推廣計劃》，承諾在 2030 年前建立「一個四通八達適合騎單車的網絡，讓全民既安全又健康地踏上單車之路。」

- 東京：自 1997 年《京都議定書》出台以來，日本就明確認定單車是對抗地球暖化的主要對策之一，推動以單車做為都市日常生活的交通工具，移動距離在五公里以內甚至應儘量使用單車代替汽車，建立安全舒適的單車道路網成為主要都市政策之一。十年前起，東京市一般車道左側都設置 1.5－2 公尺寬的單車車道[7]。

3　北京市政府（2004）：《北京城市總體規劃（2004 年－2020 年）》，http://images.sh-itc.net/201303/20130319175640941.pdf，瀏覽日期：2019 年 3 月 1 日。

4　北京日報（2015）：《北京：小汽車出行比例 5 年後要下降到 25%》，人民網，2015 年 12 月 6 日，https://bit.ly/3e1jCiQ。瀏覽日期：2019 年 3 月 1 日。

5　劉奕君（2018）：《選定地方的共用單車系統》，香港特別行政區立法會祕書處資料研究組，https://bit.ly/3moqTfG。瀏覽日期 2019 年 3 月 2 日。

6　同上。

7　張勝雄（2008）：《台北市自行車政策之研究》，台北市政府研究發展考核委員會，https://bit.ly/3jBFeDv。瀏覽日期 2019 年 3 月 2 日。

「單車友善」政策仍需改善

　　香港政府提出「單車友善」政策，興建單車徑及有關輔助設施時，只是以消閒、康樂及旅遊等為目標，出行代步似乎從來不是主要考慮。2008 提出興建的「超級單車徑」也只是貫通新界荃灣、屯門、上水、大圍和西貢[8]；前任特首梁振英所謂的「單車友善」政策也只能把現有分散在新界東和新界西的單車徑路段串連起來。九龍區和香港島分別只有在西九龍海濱長廊和數碼港的單車徑，共長一公里左右[9]，單車出行對九龍區及香港島的市民來説，幾近天方夜譚。

　　其實，單車出行對九龍區和香港島的市民而言更為重要。2014 年香港道路交通擠塞研究報告的數據反映，港島區部分道路繁忙時間的每小時平均行車速度大約為 20 公里，九龍區大約是 23.5 公里，部分主要道路在上下班時間更只有 10 公里，不比成年人的平均步速 4 – 5 公里快多少（也是「四小龍」之一、人口密度跟香港不遑多讓的台北市卻也是單車友善之城，在討論單車政策時對行車速度的一般理解是 20 – 25 公里）[10]。奈何，九龍區和香港島根本就沒有單車徑。

　　運輸及房屋局前局長鄭汝樺在 2011 年書面回應立法會議員質詢時説：「沒有專用單車徑而讓大量單車在市區與其他車輛共同使用繁忙的道路，會增加意外的風險。基於以上安全考慮，政府不鼓勵市民在市區以單車作為代步工具。[11]」繼任的張炳良雖然認同單車可以作短程代步之用，但同樣基於安全理由，不鼓勵市民在市區繁忙道路上以單車作為交通工具[12]。

8　香港特別行政區政府發展局（2008）:《新界單車徑網絡》，立法會 CB(1)1602/07-08(07) 號文件，https://bit.ly/35ACYHL。瀏覽日期 2019 年 3 月 2 日。

9　鄭汝樺（2011）:《單車政策及配套設施》，香港特別行政區政府新聞公報，2011 年 10 月 19 日，https://bit.ly/37JRNun。瀏覽日期 2019 年 3 月 2 日。

10　交通諮詢委員會（2014）:《香港道路交通擠塞研究報告》，https://bit.ly/37JjhQN。瀏覽日期 2019 年 3 月 2 日。

11　鄭汝樺（2011）:《單車政策及配套設施》，香港特別行政區政府新聞公報，2011 年 10 月 19 日，https://bit.ly/2lZVbqz。瀏覽日期 2019 年 3 月 2 日。

12　張炳良（2012）:《「單車友善」政策》，香港特別行政區政府新聞公報，2012 年 11 月 21 日 https://www.info.gov.hk/gia/general/201211/21/P201211210309.htm，瀏覽日期 2019 年 3 月 2 日。

不能說港府不着重單車使用者的安全，但出於種種緣故，道路設計未能顧及單車，使用單車自然危機四伏。香港的單車徑多次被批評為不連貫、像「斷櫼禾蟲」，亦有單車之友量度粉嶺一條單車徑最窄部分只有五厘米，僅及一條窄身車軌通過[13]。在市區單車就只可以在馬路上行駛，但馬路文化是單車「應該」在馬路側的溝渠位置行駛，而不「應該」走在馬路中間，單車代步就淪為一種「絕處求生」的出行體驗。

思考如何保護騎車者

2019 年挪威奧斯陸市中心成為「無車城市」，除了公共交通工具、殘疾人士車輛和已登記之送貨車輛之外，所有汽車不得駛進市中心，單車成為市民的重要交通工具[14]。奧斯陸環境和運輸副市長 Lan Marie Nguyen Berg 在當地報章強調：「最重要的是確保良好和安全的單車基礎設施。」奧斯陸的單車道準則是寬達 2.5 公尺，更會標上適當的標誌及塗上鮮明的顏色、與汽車交通分開，以確保單車使用者的安全[15]。

如果說，將人口不足 70 萬的奧斯陸跟人口超過 700 萬的香港相比不公平，那麼人口密度比香港更高的國際大都會紐約市有單車「零傷亡」願景，市政府為近 700 公里的單車徑進行加強保護工作便值得我們學習。類似奧斯陸的做法在紐約早在 1980 年代已經展開（據說是時任市長 Ed Koch 受我們國都北京市的啟發），其實也曾經歷部分市民憂慮、反對，建立單車網絡的進展亦曾一度緩慢，才能成就今天全市長達 1,000 公里的單車徑。回看倫敦，前市長約翰遜看到每年有八名單車使用者在交通意外身亡（死亡率是 2.51%），當機立斷地在設立專用單車道路、

13　蘋果日報（2016）：《【單車友控訴】單車徑斷開一截截　踩幾步又要推好荒謬》，2016 年 11 月 21 日，https://bit.ly/3kxyjfT。瀏覽日期 2019 年 3 月 2 日。

14　Peters, A. (2019): What happened when Oslo decided to make its downtown basically car-free?, *fastcompany*, January 24, https://bit.ly/3kB6u6K (accessed date: March 2, 2020).

15　天衛六（2018）：《人在奧斯陸：不開車才是身份象徵》，CUP，2018 年 5 月 14 日，https://bit.ly/35CloTR。瀏覽日期 2019 年 3 月 2 日。

加強貨車駕駛者對單車的友善意識等工作上狠幹；接手的市長簡世德亦立志要增加市內單車路線。

在香港，2008-2017 年單車使用者遇上交通意外身亡的年均數字是 10.4 人，死亡率高達 4.62%[16]；要注意的是自 2012 年以來運輸署有提供的仔細數據反映，在單車徑上發生的致命意外比率其實不足 11%[17]，那麼問題核心就顯然在於馬路設計和其他車輛使用者的態度上。事實上，香港的單車徑網絡及質素在 2017 年 Future Spaces Foundation 全球 12 個城市的交通運輸系統研究結果中排名榜尾，不單被倫敦和紐約拋離，亦落後於新加坡和北京[18]。

作為國際都會的香港，在考慮單車使用者的安全問題時，應向如何改善單車網絡方向思考，而非一味不鼓勵市民以單車代步。世界資源研究所（WRI）的最新研究《共用單車如何影響城市》[19] 以 12 個中國大城市為研究對象，發現在管理和設施安全得到保障的前提下，共用單車系統可以成為城市出行「最後一公里」的絕佳運作模式。雖然單車出行在香港未能成為主流，但既然港府也同意單車是連接「首程」和「尾程」理想的短途低碳出行模式，那麼最低限度應為這「最後一公里」提供足夠設施，例如讓騎車者有位可泊；保障騎車者的安全；教導騎車人士正確的打手號溝通方法；教導單車和汽車駕駛者安全道路守則；提供如何接駁鐵路、巴士的資訊等等，培養和建立香港單車出行的文化。

16　香港特別行政區政府運輸署（2020）：《道路交通意外統計：表 1.8（2008-2017）按傷勢情況及車輛類別劃分的車輛駕駛者傷亡數字》，https://bit.ly/374zcY4 。瀏覽日期 2019 年 3 月 2 日。

17　香港特別行政區政府運輸署（2020）：《道路交通意外統計：表 1.14（2012-2017）按地點及傷勢情況劃分的騎單車者傷亡數字》，https://bit.ly/374zcY4 。瀏覽日期 2019 年 3 月 2 日。

18　A Future Spaces Foundation (2016): Vital Cities: Transport Systems Scorecard, https://bit.ly/3e0mA7b (accessed date: March 3, 2019).

19　Jiang, H., Song, S., Zou, X., & Lu, L. (2020): How Dockless Bike Sharing Changes Lives: An Analysis of Chinese Cities. https://www.wri.org/research/how-dockless-bike-sharing-changes-lives-analysis-chinese-cities. 瀏覽日期：2021 年 5 月 4 日。

小結 —— **香港環保政策停留在八十年代？**

　　垃圾收費在香港立法「難產」，自 2005 年首次提出議案至 2020 年終止審議，長達 15 年依然落實無期退回起點。「東亞四小龍」當中，南韓 1995 年實施垃圾徵費，新加坡是 1996 年，台灣是 2000 年；只剩下香港，原地蹉跎了四分之一個世紀。

　　1980 年代以來環境問題備受全球關注，如何平衡經濟發展和環境保育成為國際間的重要議題。「四小龍」當時是亞洲最富裕的地方，然而享受經濟奇跡帶來的繁榮富裕之餘，與之共生的是急劇惡化的環境污染。「四小龍」得以在短時間內創造經濟奇跡，原因之一是因為發達國家如歐盟、美國等早已明白到發展背後的環境代價，紛紛把產業的生產工作對外轉移，例如美國看中台灣便宜的人力資源與素質，在台灣發展鋼鐵、石化等高耗能、高污染性工業。

　　在工業化與經濟優先的發展策略下，「四小龍」的經濟增長成績驕人；但長期忽視生活環境保護，亦使它們陷入嚴重污染的窘境。2012 年港府環境局發表《香港環境保護 1986-2011》文件，回顧 1980 年代的香港「煙囪不斷冒出濃煙、柴油打樁機的噪音、工廠非法排放污水以及非法棄置廢物」是十分普遍的現象[1]。港英政府在 1986 年成立環保署的工作重點，開宗明義已經是為了「亡羊補牢」，盡快整治過去疏忽環境所導致的問題。

　　生活水平提高了，民眾要求改善生活環境的聲音愈來愈大。港英政府成立環保署的同年，台灣小鎮鹿港爆發一連串反對美國杜邦公司設置二氧化鈦工廠的運動，拒絕成為一個煙囪陰影下的工業城，開啟了台灣本土環境運動的風雲時代[2]。

　　此外，「可持續性發展」觀念也愈來愈受國際社會重視。1987 年世界環境與發展委員會發表報告《我們的共同未來》，為可持續發展定下世界各國普遍採納的一個定義：「既能滿足我們現今的需求，而又不損害子

1　環保局（2012）：《香港環境保護 1986-2011》，http://bit.ly/37T6ydZ。瀏覽日期：2020 年 12 月 28 日。

2　何明修（2006）：《綠色民主：台灣環境運動的研究》，台北：群學出版有限公司。

孫後代能滿足他們的需要的發展模式。」這份文件被視為一份官方承諾，國際組織如聯合國、經濟合作和發展組織、歐洲聯盟等就達致可持續發展的目標提出具有實踐性的指導主題和準則，例如限制氣候變化、更多使用潔淨能源、改善交通系統和土地用途的管理、保護生物多樣化、紓減擠迫和污染問題等等，是對環保政策發展的重要里程碑。

1989 年英國經濟學家 David Pearce 出版《綠色經濟的藍圖》，首次提出「綠色經濟」，指出保護環境對經濟發展的意義：可持續發展的基本觀點是「經濟與我們的生存環境是不可區分的。它們相互依賴，因為我們管理經濟的方式影響環境，環境質量也影響經濟的運行」。環境重要，是因為它直接／間接貢獻生活質素，也同時直接貢獻經濟增長；更合理地衡量經濟增長，應該把非市場化商品和服務與市場化商品和服務同等對待。Pearce 告訴世界「環境有價」，更重要的信息是：沒有明顯的例子指出環保法例會傷害國家的競爭力[3]。

各國政府不得不回應保護環境的訴求了，其他「三小龍」在那時期分別推出好些跟環境保護相關的重要政策和法例，包括垃圾收費作為廢物管理的主要手段之一。香港雖然未有跟「三小龍」就垃圾收費立法，但在 1998 年提出《減少廢物綱要計劃》，也有提出「污染者自付」及「用者自付」的市場策略：

> 《減少廢物綱要計劃》所建議的做法是傾向使用更多的市場手段（例如「使用者收費」），鼓勵採納有效管理及良好環保做法。當「污染者自付」及「用者自付」原則更普遍被採納時，廢物產生者將會積極地管理他們產生的廢物以控制成本。假若我們適當地使用這些市場手段，應可以提高廢物管理效率、減少廢物從而減低廢物處置成本、減低對自然資源造成的不必要剝削，以及使廢物循環再造更

3　皮爾斯（1996）：《綠色經濟的藍圖》，北京：北京師範大學出版社。

合乎經濟效益。[4]

　　建議最終當然是不了了之（然後是二十多年後垃圾收費法案「胎死腹中」），而香港的環保政策似乎也冰封在那個年代。

　　1980 年代香港的環保政策還算跟上國際步伐 ── 環保署成立後就嚴重影響居民生活質素的環境問題進行管制，《水污染管制規條》、《噪音管制條例》、《廢物處理條例》等等環保條例先後通過實施，使我城的空氣、噪音、水質污染和廢物處理都有所改善。當時的環境政策以「指令與控制」（command and control）主導，政府倡議污染管制條例，將之變成事實，然後由行政官僚操作。對於環境管治，政府說不上有一套整全規劃，只是把各種污染問題個別處理，「頭痛醫頭、腳痛醫腳」── 煙囪冒出濃煙，就規管煙囪廢氣排放；柴油打樁機製造高噪音，便改用液壓打樁機；工廠非法排放污水和棄置廢物，就把廢水排入公共污水系統，並實施廢物處置計劃去收集及處置廢物。即或如此，平情而論，當時的環保工作是有效的。其中一個例子是政府在 1990 年 7 月 1 日實施《空氣污染管制（燃料限制）規例》，限制燃燒的含硫量，結果香港的二氧化硫水平一夜之間驟降，而且沒有反彈。

　　1990 年代香港污染問題得到改善，主因之一還有香港步入「去工業化」階段。香港廠商基於內地改革開放之後生產成本較低、環保政策較寬鬆，紛紛將工廠向珠三角北移，發展「前店後廠」的經濟發展模式。到 1999 年香港工廠數目已由高峰期超過五萬家減少至 20,380 家 [5]，說當時港府控制污染的工作功效「顯著」，其實一定程度上是把污染轉移。這同時也加深了港府的「惰性」，一直無法開展一套全面、綜合的環保政策；遑論為市民培育可持續發展的價值觀、社會共識。1990 年代末香港大學

4　規劃環境地政局（1998）：《減少廢物綱要計劃》，環境事務委員會（文件），1998 年 11 月 6 日，http://bit.ly/37Ui7kY。瀏覽日期：2020 年 12 月 28 日。

5　呂大樂（2015）：《香港模式──從現在式到過去式》，香港：中華書局有限公司。

發表研究報告，透露香港與可持續性發展的距離愈拉愈遠⋯⋯。[6]

已故香港綠色運動先驅文思慧博士曾經指出，1980 年代的經濟奇跡讓中國官員都同意賦予香港要「繼續生金蛋」的光榮任務，中國三個最高的「指導原則」支配了香港的環境議程，首要者是：

> 香港是一現代經濟體系及一經濟奇跡，一如其他亞洲小龍一樣。但是除非他的驕人經濟增長率持續下去，否則他實難以生存下去。在這主題之下，要香港現時達致一個高的控制污染水平或要他在自己的境內保留一片不被破壞的郊野這樣「奢侈」，實在是自殺行為。因為如此一來就要調低其發展步伐，而那根本是匪夷所思的[7]。

香港不但要「繼續生金蛋」，還要讓廣東省、珠三角地區其他城市都會「生金蛋」。因此，香港可以說是「奉旨」轉移污染。一直活躍於中國大陸環保工作的盧思騁回顧 1990-2000 年代大量港商在珠三角設廠，東江的污染大部分因此而起。當時的應對是裝建一個密封管道直接送水赴港，以確保供港食水安全[8]。這種做法的道德問題毋庸諱言，而這也根本沒有運用政策在本質上去解決污染。

去工業化之後，香港經濟模式轉型以服務業為主導，成為蜚聲國際的金融和貿易中心，一度跟與美國紐約和英國倫敦齊名合稱「紐倫港」，更連續多年成為亞太區十大最多旅客到訪的城市之一。經濟上再次締造輝煌時代，也令香港失去工業轉型的推動力，工業多元化、產業升級無疾而終，港府更加無心推動環保，繼續在衣食住行各方面過着璀璨喧鬧車水馬龍多姿多彩的大都會生活方式。長期依賴內地供水、供電、供食物，香港

6　Barron, W., Steinbrecher, N. (eds). (1999): *Heading Towards Sustainability? Practical Indicators of Sustainability for Hong Kong*, University of Hong Kong Centre of Urban Planning & Environmental Management: Hong Kong.

7　文思慧（1998）：《香港綠色難產》，香港：香港人文科學出版社。

8　張子竹（2020）：《專訪盧思騁：從「蟻象之爭」開始的中國環保 NGO 二十年》，《端傳媒》，2020 年 10 月 5 日，https://bit.ly/3mUhrAC。瀏覽日期：2020 年 12 月 28 日。

近乎自斷經脈，政府對來勢洶洶的全球糧食和能源危機視若無睹。

　　就連垃圾圍城的危機也打算向北移 —— 早於 2000 年就有傳言說港府曾向廣東省政府提出，將香港的垃圾運往與深圳接壤的地區棄置，被環保組織批評為「不道德的交易」[9]。對於香港人高消耗、製造出大量垃圾的生活模式，都市固體廢物量年年上升，而政府只會將問題個人化，然後進行道德式呼籲「揼少啲，慳多啲，咪做大嘥鬼！」生產者責任制、回收及循環再造系統通通拙劣，當中國和東南亞鄰邦都拒絕接收固體廢物時，才驚覺我城只有 3% 固體廢物在本地循環再造。國際社會早已提倡「循環經濟」概念，透過修復、回收，延長產品和材料的壽命，減少浪費和對環境帶來的壓力，同時透過推動發展回收和循環再造業，創造新的就業機會，讓經濟發展更為多元。

　　2020 年疫情重挫全球旅遊業，香港過份依賴以消費購物為主的「自由行」旅遊模式，使產業結構單一化問題更形凸顯。當政府想推動低碳本地遊時，既沒有足夠法例保護大自然和生態旅遊景點，也沒有足夠符合資格的生態導遊，綠色本地遊難免「殤」機處處；期望政府改變以「中環價值」主導的古蹟保育工作，從而提升文化旅遊，自是遙不可及。

　　現任環境局局長黃錦星滿懷大志，在任內推出多項藍圖：2013 年推出《香港清新空氣藍圖》和《香港資源回收藍圖 2013-2022》；2014 年推出《香港廚餘及園林廢物計劃 2014-2022》；2015 年推出《香港都市節能藍圖 2015-2025+》；2016 年推出《香港生物多樣性策略及行動計劃 2016-2121》；2017 年推出《香港氣候行動藍圖 2030+》……等等。不過，具體數字顯示香港的環保政策並未取得成效。「清新空氣藍圖」讓香港 PM2.5 的年平均濃度標準是世衞年平均濃度標準的三倍，遙遙「領先」其他國際城市。本地關注團體「健康空氣行動」分析 2016 至 2018 年的空氣污染數據，發現 PM10 和臭氧的濃度均有上升的趨勢，當中臭氧濃度更創 20 年新高位。

9　文思慧、盧思騁、施鵬翔（2001）：〈垃圾輸內地——輸出災難〉，大紀元，2001 年 5 月 13 日，http://bit.ly/38FF22L。瀏覽日期：2020 年 12 月 28 日。

「資源回收藍圖」則讓廢物愈減愈多 —— 都市固體廢物人均棄置量 2020 年創下 28 年新高，達到每日 1.53 公斤；回收率卻愈推愈跌，2018 年都市固體廢物回收率從 2012 年的 39% 跌至 30%、家居廢物回收率由 2012 年的 53% 跌至 2018 年的 39%。2012 年訂下減少四成廚餘的目標也是落空，2016 年每日全港棄置量為 3,600 公噸，數字正正跟 2011 年一樣；換言之，這五年來本港減少廚餘的努力毫無寸進。政府對生物多樣性理念是「先發展，後補償」，所以可以考慮發展郊野公園「邊陲」；倡議「明日大嶼」填海；對樹木、動物都「愛莫能助」。「都市節能藍圖」提倡節約用電，然而香港耗電量在 2018 年創下 2008 年以來的新高；各國對再生能源的開拓工作和各大都市對交通運輸工具上的變革，在香港卻似乎遙遙無期。

2020 年新冠病毒重創全球經濟和人類生活，氣候危機又逼在眉睫。面對疫後雙重挑戰，南韓成為東亞地區首個提出支持「綠色新政」的國家，香港望塵莫及。我們不敢奢望香港「與時並進」，但願能夠追回外國早已推行多年的種種環保政策，例如南韓遠在 1995 年實行的垃圾收費，可以嗎？

後記

（一）

起初，沒有成書的計劃。

開始寫有關香港環境保育議題的評論，就是純粹想分享讀到的一些文章、看過的戲劇以及生活上的所思所想，沒有獨特創新的觀點，只是言人所言。到一篇一篇寫下來，每篇或多或少都會參考其他國家、城市的經驗，彙集起來閱讀，發現原來可以宏觀地看到作為國際都會的香港，在「環保」方面的整體表現，因此才有了成書的想法。加上新冠疫情的影響下，實體工作難以推展，於是便多了空間將想法實踐出來。

在香港講環保並不討好。很多人覺得講環保是「天國近了，你們要悔改」式的傳教。事實是，氣候變遷的確在進行中，我們的確需要作出改變 —— 儘管很多人懷疑甚或否認這個事實，又或對氣候變遷的言論習以為常、無動於衷。因此，在講環保、做環保工作的路上經常感到軟弱無力。慶幸我是一個基督徒，我有經驗應對這種無力感。

或許不為世人所喜悅，但仍希望為自己堅信的、關心的作鹽作光。現實中，像瑞典少女通貝里（Greta Thunberg）一樣講環保而獲選為《時代》雜誌年度風雲人物之類榮譽的，寥寥可數。不過，本書引用的許多學術論文、研究報告、專書、時事評論文章及紀錄片等資料，都是無數有心人默默地堅守在自己的崗位、用自己最善長的方法講環保，警醒我們氣候變遷的威脅已經逼在眉睫。所謂滴水成河，愈多有心人匯集一起，便愈有機會成為主流。感謝講環保、寫環保、做環保的每一位，使

我在研讀期間對該議題有更深入的認識，為這本小書提供最重要養分。

　　我要感謝成書的關鍵者羅金義博士。羅博士向我提出成書計劃時曾說：雖然傳說世上已經愈來愈少人看書，但是我對寫書依然有迂腐的熱情。此言使我感受尤深 —— 說是迂腐，實為學者的堅持。過去的一年多時間，香港先是經歷社會運動，接着面對世紀疫情的重挫。在如斯世亂時艱當中，感謝羅博士仍然堅持做「迂腐的事」，寫這本環保的中文書。

　　也要感謝雀友會在旁的催促叮嚀。在我拖延症發作時，提醒我時候快到，要加快速度。

　　終於，事成了。

　　感謝讓我在環保路上從不孤單的每一位。擱筆前剛重看了電影《一代宗師》。謹以宮羽田對葉問説的一句話，感謝所有看到最後的同路人：「憑一口氣點一盞燈。要知道念念不忘必有迴響。有燈就有人。」

何偉歡

（二）

　　本書裏不少篇幅的初稿，曾經以時事評論的方式登載於一些香港新聞媒體，包括《立場新聞》、《眾新聞》、《關鍵評論網（香港）》等等。感謝各位編輯的關顧，是我們努力筆耕的動力。對這些文章的回應，不論是來自學生、讀者、非政府組織還是公營機構，都令我們喜出望外，從而加倍努力。

　　感謝陸穎騫讓我們收編她的文章到這裏，不單因為那份慷慨，還有那份志同道合之誼。一如既往，香港教育大學大中華研究中心和中華書局（特別是黎耀強兄）的支持對本書得以面世十分重要。

　　本書的主要撰述者是何偉歡小姐，我只是從旁輔助，並且從中獲益良多。過去我對環保課題是門外漢，學無前後，達者為師，在此必須對偉歡帶領我進入這個新的學習領域表達謝意。

　　對個人而言，參與本書撰述工作之際，也正是我人生最為悲苦困厄的日子。人到中年，總算以「身、心、靈」親嚐人情冷暖、世態炎涼。猶幸有幾位年輕人大方願意作伴（除了偉歡和穎騫，還有王家豪和趙致洋），讓我參與撰寫了近百篇時事評論文章，發揮了有效的心理治療作用，安慰自己總還未算百無一用。但願他日翻看本書時憶想起的，都是當日至愛親朋不離不棄的恩情。

羅金義

□責任編輯：陳思思
□設　計：黃希欣
□排　版：時　潔
□印　務：劉漢舉

環保政策與綠色生活：
國際視野下的香港

□
作者
何偉歡　羅金義

□
出版
中華書局（香港）有限公司
香港北角英皇道 499 號北角工業大廈一樓 B
電話：（852）2137 2338　傳真：（852）2713 8202
電子郵件：info@chunghwabook.com.hk
網址：http://www.chunghwabook.com.hk

□
發行
香港聯合書刊物流有限公司
香港新界荃灣德士古道 220-248 號
荃灣工業中心 16 號
電話：（852）2150 2100　傳真：（852）2407 3062
電子郵件：info@suplogistics.com.hk

□
印刷
美雅印刷製本有限公司
香港觀塘榮業街 6 號 海濱工業大廈 4 樓 A 室

□
版次
2021 年 6 月第 1 版第 1 次印刷
© 2021 中華書局（香港）有限公司

□
規格
16 開（230 mm×170 mm）

□
ISBN：978-988-8758-46-3